Clemens Schrader

Der Heilige Stuhl und die Politik

Eine Abhandlung über den Souverän, die Souveränetät und die Untertanen

Clemens Schrader

Der Heilige Stuhl und die Politik
Eine Abhandlung über den Souverän, die Souveränetät und die Untertanen

ISBN/EAN: 9783743353138

Hergestellt in Europa, USA, Kanada, Australien, Japan

Cover: Foto ©Lupo / pixelio.de

Manufactured and distributed by brebook publishing software (www.brebook.com)

Clemens Schrader

Der Heilige Stuhl und die Politik

DER PAPST
UND
DIE MODERNEN IDEEN.
V. HEFT.

DER HEILIGE STUHL UND DIE POLITIK.

EINE ABHANDLUNG
ÜBER DEN SOUVERÄN, DIE SOUVERÄNETÄT UND DIE UNTERTHANEN.

NON PRAEVALEBUNT

Wien 1867.
Verlag von Carl Sartori,
Buchhändler des heiligen Apostolischen Stuhles,
Stadt, Wallnerstrasse Nr. 7,
gegenüber dem fürstlich Esterházy'schen Palais.

Vorrede.

Man übergibt hier dem katholischen Publikum das fünfte Heft der Collection, welche, unter dem Titel: „Der Papst und die modernen Ideen" begonnen, so Gott will, noch eine Reihe von Fortsetzungen erhalten soll. Wurden im ersten Hefte die modernen Ideen nach den verschiedenen Ordnungen des Glaubens, der Moral, der Freiheit und des Rechts und der Politik im allgemeinen vor den Richterstuhl des Papstes citirt, so bot das zweite Heft durch die Veröffentlichung der berühmten Encyclica *Quanta cura* und des Syllabus Gelegenheit, in diesen beiden auf das Engste mit einander verbundenen Actenstücken das Urtheil des heiligen Stuhles über die vornehmsten Grundirrthümer unserer Zeit, welche in den modernen Ideen enthalten sind, zusammenzufassen und die im ersten Hefte unternommene Arbeit zu ergänzen. Das dritte Heft unternahm es, die Wirksamkeit des glorreich regierenden Papstes Pius IX. nach allen ihren Richtungen als Papst und König zu schildern, und damit die Grundlage zur Beurtheilung seines Verhaltens den modernen Ideen gegenüber zu erweitern, sofern in diesem dritten Hefte dem Leser ein über das persönliche Wirken Pius IX. hinausreichender Einblick in den Geist, den Charakter und den Wirkungskreis der grossartigen Institution des Papstthums überhaupt gewährt und damit der Standpunkt geboten wird, auf welchen der katholische Christ sich stellen muss, um über die Stellung des Papstes zu den modernen Ideen und insbesondere über Werth und Bedeutung der Encyclica vom 8. Dec. 1864 mit dem dazu gehörigen Syllabus eine richtige Anschauung zu gewinnen. Auf der Grundlage des dritten Heftes fortbauend, konnte das vierte Heft wieder eine specielle Thätigkeit des heiligen Stuhles, nämlich sein Verhalten gegen die Freimaurer und die andern geheimen Gesellschaften ins Auge fassen und zeigen, wie das Papstthum in unseren Tagen, wo die Politik sich insbesondere durch den Einfluss dieser geheimen Gesellschaften in einen principiellen Gegensatz mit der Religion und ganz besonders mit der Kirche setzt, nach allen

Seiten hin sich zum Kampfe gegen den Irrthum in seinen mannigfachsten Formen herausgefordert sieht. Das fünfte Heft, welches hier dem Publicum übergeben wird, hat sich die Aufgabe gestellt, den politischen Irrthümern, welche den Gegenstand der vorhergehenden Hefte bildeten, die Grundsätze einer gesunden christlichen Politik entgegenzustellen und zu zeigen, wie die von dem heiligen Stuhle vertretenen Principien sich im Einklange mit den Grundsätzen eines gesunden Naturrechts und einer dem Wohle und der wahren Freiheit der bürgerlichen Gesellschaft förderlichen Politik befinden. Als Grundlage für diese Arbeit wurde die ausgezeichnete Abhandlung des gelehrten Cardinals Gerdil*) über die Souveränetät,

---

*) Hyacinth Sigismund Gerdil, der berühmte Cardinal aus der Congregation des heil. Paul oder der Barnabiten, wurde am 23. Juni 1718 im Schosse einer geachteten Familie zu Samoëns in Savoyen geboren. Den ersten Unterricht erhielt der Knabe, der sich schon in seiner frühesten Jugend durch überlegene Geistesgaben auszeichnete, von seinem Onkel väterlicherseits, einem achtungswerthen Gelehrten. Später setzte er seine Studien in den Barnabiten-Collegien von Thonon und Annecy fort. Kaum fünfzehn Jahre alt, trat er selbst in die Congregation und wurde nach beendigtem Noviziate von seinen Obern auf die Universität von Bologna geschickt, wo er Theologie studirte und gleichzeitig mit dem Studium der alten und der neuern Sprachen, der Geschichte und der exacten Wissenschaften sich beschäftigte und sich die allgemeine Achtung erwarb. Insbesondere schätzte ihn der Cardinal Erzbischof Lambertini von Bologna, welcher später unter dem Namen Benedict XIV. Papst wurde. Dieser gelehrte Mann verwendete ihn zu mehrfachen wissenschaftlichen Arbeiten und zog ihn über verschiedene Bruchstücke seines grossen Werkes über die Canonisation zu Rathe. Nach Beendigung seines theologischen Studiums erhielt er den Lehrstuhl der Philosophie in Macerata und machte sich in dieser Stellung durch verschiedene philosophische Werke, insbesondere durch eine Streitschrift gegen Locke vortheilhaft bekannt. Später erhielt er an der Turiner Universität den Lehrstuhl der Philosophie und dann den der Moraltheologie. Der Erzbischof von Turin machte ihn zu seinem Gewissensrathe und sein Orden wählte ihn zum Provincial für Savoyen und Piemont. Bald darauf empfahl ihn Papst Benedict XIV. dem König Emanuel III. als Erzieher des Prinzen von Piemont, des nachmaligen Königs Carl Emmanuel IV. von Sardinien. Auch in dieser Stellung beschäftigte er sich in seinen freien Stunden mit gelehrten Arbeiten. Papst Clemens XIV. creirte ihn im Consistorium vom 26. April 1773 zum Cardinal, behielt ihn aber in petto mit der ehrenvollen Bezeichnung: *Notus orbi, vix notus urbi.* (Die Welt kennt ihn, aber in Rom ist er kaum bekannt.) Pius VI. berief Gerdil nach Rom, ernannte ihn zum Consultor des heil. Officiums, liess ihn zum Bischof von Dibbon weihen und proclamirte ihn am 15. December 1777 zum Cardinal mit dem Titel der heiligen Cäcilia. Gerdil zeigte in dieser hohen Stellung grossen Eifer für die Interessen der Kirche. Als Präfect der Propaganda und Mitglied fast aller Congregationen, wurde er in den heikelsten Angelegenheiten um seinen Rath befragt, der auch immer befolgt wurde. Er gehörte der gemässigten Partei an, ohne den Principien etwas zu vergeben. Als die Franzosen im Jahre 1798 Rom nahmen und den Papst wegführten, beeilte sich Gerdil die Stadt zu verlassen. Um die Reisekosten bestreiten zu können, musste er seine Bücher verkaufen. Er begab sich nach Piemont in das Seminar seiner Abtei de la Clusa, wo es ihm oft an dem Nöthigsten gebrach. Aber er trug sein Unglück mit der grössten Ergebung. Nach dem Tode des viel ge-

den Souverän und die Unterthanen gewählt. Nähere Andeutungen über Zweck und Inhalt des fünften Heftes findet der Leser in der Einleitung. Dem in einer freundlichen Beurtheilung des vierten Heftes im „literarischen Handweiser von Münster" ausgesprochenen Wunsche nach einem umfassenden Generalregister und einem chronologischen Verzeichnisse der publicirten Actenstücke wird seiner Zeit Rechnung getragen werden. Dem vorliegenden fünften Hefte dürfte, wenn es Zeit und Umstände erlauben, schon in kürzester Frist ein sechstes Heft unter dem Titel: „Der heilige Stuhl und die Revolution" folgen, in welchem an der Hand authentischer Actenstücke das Verhalten Pius VI. gegenüber der ersten französi-

---

prüften Pius VI. begab er sich zum Conclave nach Venedig. In den ersten Wahlgängen vereinigten sich viele Stimmen auf ihn, aber sein hohes Alter war das vorzüglichste Hinderniss gegen seine Wahl. Er folgte dem neugewählten Papste Pius VII. nach Rom und nahm dort seine Beschäftigung wieder auf, bis er am 12. August 1802 in einem Alter von mehr als 84 Jahren einer schweren Krankheit erlag. Alle Gelehrten betrauerten seinen Tod; denn er war Mitglied vieler gelehrten Gesellschaften in Europa. Zahlreich sind die Werke, die er in lateinischer, französischer und italienischer Sprache hinterliess. Pater Torelli sammelte sie zuerst und gab sie von 1784 bis 1791 in 6 Bänden zu Bologna heraus. Pater Fontana veranstaltete im Vereine mit P. Scatti eine neue Ausgabe, von welcher die ersten 6 Bände im Jahre 1806 erschienen. Cardinal della Somaglia liess auf seine Kosten einen siebenten Band drucken. Vor mehreren Jahren erschien eine neue Ausgabe seiner Werke in fünfzehn Bänden. Die Gegenstände, welche er in seinen Werken behandelt, gehören hauptsächlich dem Gebiete der Religionsphilosophie, des Naturrechts, der Politik und des Kirchenrechts an. Unter den Werken der ersten Categorie erwarb sich seine *Introduction à l'étude de la religion, avec la réfutation des philosophes anciens et modernes, touchant l'être suprême, l'éternité etc.* (Einleitung in das Studium der Religion, nebst einer Widerlegung der alten und neuern Philosophen in Betreff des höchsten Wesens, der Ewigkeit u. s. w.), die er dem Papste Benedict XIV. widmete, den Beifall nicht nur der katholischen Gelehrten, sondern auch mehrerer Protestanten der Berliner Academie. Unter den Werken der zweiten Categorie sind zu nennen: *Discours philosophiques sur l'homme considéré rélativement à l'état de la nature, à l'état de la société et sous l'empire de la loi* (philosophische Gespräche über den Menschen, betrachtet im Naturzustande, im Zustande der Gesellschaft und unter der Herrschaft des Gesetzes), ferner *Réflexions sur la Théorie et la pratique de l'éducation contre les principes de J. J. Rousseau* (Betrachtungen über die Theorie und die Praxis der Erziehung gegen die Principien J. J. Rousseau's), die in der neuen Ausgabe unter dem Namen Anti-Emil erschienen, ins Englische übersetzt und von Rousseau selbst als die einzige Gegenschrift bezeichnet wurde, welche Beachtung verdiene. Unter den kirchenrechtlichen Werken befinden sich Streitschriften gegen das Pamphlet des Wiener Professors Eybel „Wer ist der Papst" und gegen die Refutation des Bischofs Hontheim (Justinus Febronius), ferner gegen die Beschlüsse der Synode von Pistoja, ein Tractat über den Primat des römischen Papstes u. s. w. Die Werke des gelehrten Cardinals geben Zeugniss von der unendlichen Reichhaltigkeit seiner Kenntnisse, von der Fruchtbarkeit seines Geistes und von seiner unermüdlichen Arbeitslust. Er war eine der ersten wissenschaftlichen Grössen unserer Zeit, einer der nützlichsten Kämpfer für die Religion und für die Kirche, eine der hervorragendsten Zierden des Clerus. Sein ganzes

schen Revolution und den von ihr aufgestellten Principien gezeigt, und eine Parallele zwischen der damaligen Haltung des heiligen Stuhles und dem Verhalten Pius IX. in Bezug auf die revolutionären Grundsätze und Thatsachen unserer Tage gezogen werden soll.

Wien, Neujahr 1867.

Leben war der Vertheidigung der Religion gegen die Deisten, der Aufrechterhaltung der Lehre der Kirche und der Vortheile des heiligen Stuhles gegen die Widerspänstigen geweiht; im Uebrigen war er ein bewunderungswürdiges Muster von Mässigung in seinen Streitschriften, in denen er bei aller Festigkeit, womit er die Principien aufrecht hält, nicht bloss nirgends die christliche Liebe verletzt, sondern sich nicht einmal den leisesten Ausdruck entschlüpfen lässt, der seine Gegner verletzen könnte. (Vergl. Feller, Biographie universelle, Artikel G e r d i l.)

Einleitung.

Der Liberalismus ist die furchtbare Krankheit unserer Zeit, welche wie ein verzehrendes Fieber in dem Organismus der Gesellschaft wüthet und schliesslich, in wildem Paroxismus ausbrechend, die gesellschaftliche Ordnung unter ihren Trümmern zu begraben droht. Der Kampf gegen dieses verderbliche, unheilvolle System ist eine heilige Pflicht und muss mit allen erlaubten Mitteln, mit allen ehrenhaften Waffen geführt werden. Von dem Sieg oder der Niederlage dieses Systems hängt die Existenz oder der Ruin der Gesellschaft ab. Die Wohlthaten, welche das Christenthum der Menschheit gebracht, die hohen Güter, die es ihr erworben, sind ihr zum grossen Theil heute schon durch den Liberalismus verloren gegangen. Darum steht auch in erster Reihe der Kämpfer gegen diesen furchtbaren Feind der Gesellschaft der heilige Stuhl, welcher der Menschheit die Wohlthaten des Christenthums vermittelt.

Es gibt einen Liberalismus auf politischem und religiösem Gebiete. *) Hier soll nur von dem ersten die Rede sein. Die berühmte Encyclica vom 8.

---

*) Eine vortreffliche Characteristik der Hauptformen des Liberalismus auf politischem und kirchlichem Gebiete gibt P. Florian Riess in seiner Brochüre: „Die moderne Irrlehre oder der Liberalismus und seine Verzweigungen im Lichte der Offenbarung," zweite Auflage, Freiburg im Breisgau, Herder'sche Verlagshandlung, wie folgt: „Als die europäischen Mächte im zweiten Decennium unseres Jahrhundertes mit Waffengewalt den durch den Verlauf der französischen Revolution gestörten Frieden wiederhergestellt und die Bourbonen auf den Thron von Frankreich zurückgeführt hatten, entschlossen durch eine solidarische Vereinigung der Monarchien unter der Aegide der heil. Allianz diesen Frieden aufrecht zu erhalten: bildeten sich in den einzelnen Ländern, welche von der Revolutionsherrschaft erschüttert worden waren, theils aus den versprengten Resten der überwundenen Partei, theils aus den

December 1864 entwirft in wenigen, aber markigen Zügen ein erschreckend wahres Bild von diesem System, indem sie schreibt: *Etenim probe noscitis, Venerabiles Fratres, hoc tempore non paucos reperiri, qui civili consortio impium absurdumque naturalismi, uti vocant, principium applicantes audent docere „optimam societatis publicae rationem civilemque progressum omnino requirere, ut humana societas constituatur et gubernetur nullo habito ad religionem respectu, ac si ea non existeret, vel saltem nullo facto veras inter falsasque religiones discrimine."* Atque

neu dazu gekommenen Unzufriedenen, geheime Verbindungen aus, welche verschiedene politische Forderungen der zunächst vorangegangenen revolutionären Entwicklung aufrecht hielten und dieselben durch die Presse, bald auch durch bewaffnete Erhebungen in Spanien, Italien, Frankreich und Deutschland durchzusetzen suchten. Im Vordergrunde stand das Dringen auf Repräsentativ-Verfassungen, in denen dem Volke ein grundgesetzlich bestimmter Antheil an der Gesetzgebung gesichert wäre; die sogenannte Gleichheit vor dem Gesetze, d. h. die Aufhebung der Standesvorrechte und der bürgerlichen Bevorzugung der Kirche oder eines bestimmten religiösen Bekenntnisses wurde daneben als ein unentbehrlicher Bestandtheil der bürgerlichen Freiheit geltend gemacht. Gleichsam als ihre Waffen und Schutzmittel schlossen sich die Freiheit der Presse und die Freiheit der Vereine an. In Frankreich hatten die siegreichen Verbündeten die Charte mit solchen politischen Formen verbürgt, und die Unzufriedenen bewachten jeden Schritt, durch den die monarchische Regierung ihre Autorität und die positiven Elemente zu verstärken suchte, mit eifersüchtigen Blicken, um daraus Stoff zu moralischen Anschuldigungen und den Zunder einer neuen Revolution zu gewinnen. Diese Partei, in geheimen Bünden organisirt, öffentlich in der Presse und in den Volkskammern thätig, die 1830 in Frankreich eine Vertreibung der legitimen Dynastie und die Einsetzung des Bürger-Königthums mit Louis Philipp in's Werk setzte, nannte sich selber die **liberale Partei** und dieser Name ist ihr geblieben. Ihre Gegner wurden bald Ultras, bald Reactionäre, bald Servile, bald Conservative genannt. Das ausgesprochene Ziel der liberalen Partei war ein politisches, die Verfassung des Staatsbürgerthums, wie man es neuerdings zu nennen pflegt, im Gegensatz zu den Rechten des mittelalterlich-christlichen Staates, insbesondere zu dessen Ständeverfassung, so wie dem Königsthum von Gottes Gnaden. Die Gleichheit vor dem Gesetze ohne Rücksicht auf Religion und Stand, und möglichste Betheiligung der Bürger an den Funktionen des Staatslebens bildete gleichsam die Lockspeise, durch welche die Liberalen aller Länder namentlich die Besitzenden und Gebildeten für ihre Fahne zu werben wussten.

Hiermit ist der gewöhnliche Liberalismus im allgemeinen geschildert. Er will kein religiöses System sein, sondern setzt gerade darin einen Hauptunterscheidungspunkt seiner Partei, von der Religion in der Politik möglichst abzusehen. Er neigt sich zu den politischen Grundsätzen, die in der englischen und französischen Umwälzung obsiegten und die Monarchie zu Gunsten der Democratie umänderten; aber er will sich von der Revolution als die politische, in gesetzlicher Weise vorangehende Reform unterschieden wissen, wie er im Einzelnen die constitutionelle Monarchie der demokratischen Regierungsform vorzieht. Er kämpft gegen die überlieferten Gesellschaftsrechte höherer Stände, wo sie sich vorfinden und die damit zusammenhängenden Einrichtungen in den Besitzverhältnissen, zu Gunsten der industriellen Beweglichkeit des Besitzes; aber er will das Eigenthum heilig geachtet wissen und ist gegen jene Parteien im höchsten Grade missstimmt, welche in irgend welcher Weise diese Grundlage der bürgerlichen Gesellschaft zu verrücken suchen. Dieser Liberalismus unter-

contra sacrarum Litterarum, Ecclesiae sanctorumque Patrum doctrinam asserere non dubitant, „optimam esse conditionem societatis, in qua Imperio non agnoscitur officium coercendi sancitis poenis violatores catholicae religionis, nisi quatenus pax publica postulet." Ex qua omnino falsa socialis regiminis idea haud timent erroneam illam fovere opinionem catholicae Ecclesiae animarumque saluti maxime exitialem a rec. mem. Gregorio XVI. Praedecessore Nostro deliramentum appellatam nimirum „libertatem conscientiae et cultuum esse proprium cujuscunque hominis

scheidet sich mit andern Worten sehr bestimmt vom Protestantismus und Rationalismus, als religiösen Richtungen, welche direct gegen die katholische Kirche und das Christenthum gerichtet sind; nach dieser Seite stellen ihn vielmehr seine ersten Vertheidiger als eine politische Reform neben die kirchliche; ebenso aber weist er auf diesem Gebiete die Gemeinschaft mit der Democratie und den socialistischen Systemen zurück, wie er den Männern des gewaltsamen Umsturzes gegenüber den Weg eines „gesetzlichen" Fortschrittes beschreibet. Er ist insofern das Bekenntniss der Mittelpartei, das sich aus dem Kampfe zwischen den verschiedenen Ständen, zwischen den Anhängern der neuen Ideen, die in der französischen Revolution zur Herrschaft gelangten, und denen des zuvor Bestehenden herausgebildet hat. Da die Mitte in politischen Dingen eine grosse Berechtigung hat und im allgemeinen der Weg der Klugheit, also etwas sittlich Gutes zu sein scheint, so lässt sich die Thatsache erklären, wie es kommen konnte, dass in verschiedenen Ländern namentlich in Frankreich und Belgien, Katholiken, hervorragend durch ihren Geist und ihre sociale Stellung, mit den politischen Grundsätzen dieser Liberalen die Pflichten gegen die katholische Kirche sehr wohl vereinbar hielten, ja aus ihnen grosse Vortheile für die Sache des Glaubens hofften. In stürmischer Weise machte sich dieses Parteiergreifen geltend nach der Julirevolution. Es war der democratische Grundton des Liberalismus, der aus dem „Avenir" hervorklang, wenn die Männer desselben von einer „radicalen" „Identität der Interessen der Völker und des Katholicismus" und von der Furcht des „Despotismus" sprachen, welcher mehr „den katholischen als den widerchristlichen Liberalismus fürchtet." „Das Recht des Fürsten ist nur unter der Bedingung ein göttliches, dass es das göttliche Recht der Völker auf die Freiheit schützt." „Die Concordate haben den Regierungen den Vorwand gegeben, die Kirche in den Bereich der Administration zu versetzen. Das Volk sieht aber allenthalben in der Administration und in Allem was damit zusammenhängt einen Feind. So erntet die Kirche für die Leiden, welche sie durch Unterdrückung von Seiten des Staates duldet, die Abneigung der Völker." Ein Volk, dem die Staatsadministration als Feind erscheint, ist gewiss nicht das christliche, sondern eben das moderne Volk. Auch der socialistische Beigeschmack, der Gegensatz zu den Besitzenden, fehlt hier nicht und ist noch mehr ausgeprägt, wenn im Namen der Freiheit vorgeschlagen wird, dass die Kirche auf alle Unterstützung vom Staate auf Besoldungen ganz und gar verzichte und wieder arm werde, wie zu den Zeiten des Urchristenthums, um dafür Freiheit für alle Beengung durch den Staat zu erlangen. „Die Kirche hat durch das entschiedene Dazwischentreten Papst Gregors XVI. Licht in diese unklare Mischung gebracht, und den liberalen Grundsatz der Trennung von Staat und Kirche, der von La Mennais zu Gunsten der kirchlichen Freiheit geltend gemacht werden wollte, verworfen. Die gemässigten Anhänger des „Freiwilligkeits-Principes," die eigentlichen l i b e r a l e n K a t h o l i k e n haben sich dem Urtheile im Gegensatze von La Mennais gefügt, aber, wie bekannt, anderseits die da und dort thatsächlich bestehenden liberalen Einrichtungen bis zu einem gewissen Grade vertheidigt und in kirchlichen und Schulfragen gegen ihre politischen Gesinnungsgenossen zu Gunsten der Kirche benützt.

ius, quod lege proclamari et asseri debet in omni recte constituta societate, et jus civibus inesse ad omnimodam libertatem nulla vel ecclesiastica vel civili auctoritate coarctandam, quo suos conceptus quoscunque sive voce, sive typis, sive alia ratione palam publiceque manifestare ac declarare valeant." Dum vero id temere affirmant, haud cogitant et considerant, quod libertatem perditionis praedicant, et quod „si humanis persuasionibus semper disceptare sit liberum, nunquam deesse poterunt, qui veritati audeant resistere, et de humanae sapientiae loquacitate confidere, cum hanc nocentissimam vanitatem quantum debeat fides et sapientia christiana vitare, ex ipsa Domini nostri Jesu Christi institutione cognoscat."

Et quoniam ubi a civili societate fuit amota religio, ac repudiata divinae revelationis doctrina et auctoritas, vel ipsa germana justitiae humanique juris notio tenebris obscuratur et amittitur, atque in verae justitiae legitimique juris locum materialis substituitur vis; inde liquet cur nonnulli certissimis sanae rationis principiis penitus neglectis posthabitisque audeant conclamare „voluntatem populi, publica, quam dicunt, opinione vel alia ratione manifestatam constituere supremam legem ab omni divino humanoque jure solutam, et in ordine politico facta consummata, eo ipso quod consummata sunt, vim juris habere." Verum ecquis non videt

Brachten die Letztern ausser dieser ihrer durch den katholischen Glauben bedingten besonderen Stellung, die sich zum Liberalismus äusserlich verhält, diesem nichts bei, und müssen wir sie deshalb hier ganz ausser Acht lassen, so ist dagegen eine andere Fraction, welche gleichfalls diesen Namen führt, wohl zu unterscheiden. Wir meinen die **kirchlichen Liberalen**, deren Wurzeln über die Zeit der Glaubensspaltung zurückgreifen, die in verschiedenen Forderungen auf Kirchenreform in den Synoden von Basel und Konstanz, auch im Trienter Concil sich bemerklich machten, und später in den besonderen Systemen des Gallicanismus, Febronianismus und Josephinismus abgezweigt haben. Man findet in diesen Richtungen das gemeinsame Bestreben, die kirchliche Monarchie zu Gunsten der Aristocratie, ja selbst der Democratie aufzuheben oder doch abzuschwächen, die Einheit der Kirche in demselben Masse zu lockern und neben der höheren Geltung der nationalen in der Kirche auch der individuellen Freiheit, wie auf dem Boden der Disciplin, so auf dem der kirchlichen Lehre und Uebung einen grösseren Spielraum zu erringen. Das vertrug sich sehr wohl mit absolutistischen Tendenzen auf dem politischen Gebiet, dessgleichen mit staatskirchlichen Zwangsmassregeln, denen der Eingangs gezeichnete heutige Liberalismus an sich abhold ist. Diese beide Formen, der kirchliche Liberalismus früherer Jahrhunderte und der politische der Gegenwart, haben also sehr markirte Verschiedenheiten; sie haben sich neben einander oder vielmehr nacheinander in katholischen Ländern entwickelt, wie die Geschichte Frankreichs, der pyrenäischen Halbinsel, der südamerikanischen Republiken und die neuere der katholischen Staaten in Deutschland und Italien zur Genüge beweisen. Demungeachtet lässt sich eine innere Verwandtschaft der beiden Formen, trotz ihres angegebenen Gegensatzes, nicht verkennen, wesshalb die eine, wie die andere, wo sie zur Herrschaft gelangt, diesen Gegenpart zur Ergänzung herbeiruft, so dass man, im Hinblick auf die Geschichte, sagen kann, die Vorliebe für die kirchliche Reform im democratischen Sinne schlägt zur politischen aus, und umgekehrt, die politische sucht die kirchliche herbeizuführen.

Die dritte Form des Liberalismus gehört einer in kirchlichen Dingen weiter fortgeschrittenen Bewegung an und ist desshalb vorherrschend in protestantischen

planeque sentit, hominum societatem religionis ac verae justitiae vinculis solutam nullum aliud profecto propositum habere posse, nisi scopum comparandi cumulandique opes, nullamque aliam legem in suis actionibus sequi, nisi indomitam animi cupiditatem inserviendi propriis voluptatibus et commodis? — Ihr wisst wohl, ehrwürdige Brüder, dass es heute nicht Wenige gibt, welche, indem sie auf die bürgerliche Gesellschaft das absurde und gottlose Princip des sogenannten „Naturalismus" anwenden, zu lehren wagen, „die beste Einrichtung des Staates, und der gesellschaftliche Fortschritt erfordern es durchaus, dass die menschliche Gesellschaft constituirt und regiert werde, ohne irgendwie Rücksicht auf die Religion zu nehmen, gerade als wenn diese nicht bestünde, oder ohne wenigstens einen Unterschied zwischen den wahren und den falschen Religionen zu machen." Und gegen die Lehre der heil. Schrift, der Kirche und der heil. Väter stehen sie nicht an zu behaupten: „dass der beste gesellschaftliche Zustand derjenige ist, in welchem man der Staatsgewalt die Pflicht nicht zuerkennt, durch gesetzliche Strafen die Verletzer der katholischen Religion in Schranken zu halten, ausgenommen wenn die öffentliche Ruhe es verlangen sollte."

Ländern ausgebildet und von da auf katholische übertragen und dann erst mit dem Liberalismus verschmolzen worden. Dieser Vorgang lässt sich leicht aus der von deutschen Philosophen öfters wiederholten Ansicht ableiten: vergeblich werden die katholischen Länder sich um bürgerliche Freiheit bemühen, so lange sie noch der Kirche eine Geltung im öffentlichen Leben zugestehen. Oder vielmehr noch ehrlicher ausgedrückt: Das Christenthum, ja die Religion überhaupt, ist mit der Freiheit, wie sie der heutige Liberalismus anstrebt, nicht vereinbar. Diese Freiheit ist eine Errungenschaft des Unglaubens, des Deismus nämlich und des Atheismus, beziehungsweise Materialismus, der Aufklärungsperiode; es ist billig, dass diese Vaterschaft in ihre Rechte eingesetzt werde. Der auf seinen historischen und philosophischen Grund zurückgehende, der volle, ungläubige Liberalismus entsteht so. An ihm haben wir das Bekenntniss der selbstbewussten Freimaurer und der geheimen Gesellschaften überhaupt, mit dem sich ebensowohl eine liberale als democratische, beziehungsweise communistische Richtung in der Politik verträgt. Jene Ungläubigen also, die wir in den Solidaires und ähnlichen Vereinen kennen, wenn sie in politischen Dingen nicht erklärte Democraten, in öconomischen Socialisten sind, sondern die „gesetzliche Reform" vertheidigen im Unterschiede von der Revolution, können noch als Liberale bezeichnet werden, legen sich auch selber diesen Namen bei. Auf dieser Seite halten denn auch die in neuester Zeit vielgenannten liberalen Oeconomisten oder jene mit dem erklärten Freimaurerthum identische Fraction der Bewegungspartei, welche zwar die Rechte des Eigenthums gegen Socialisten und Communisten um jeden Preis vertheidigt haben will, sonst aber in Hinsicht auf Religion, Recht und sittliche Grundsätze nicht allein zu jedem Zugeständniss geneigt ist, sondern das Bekenntniss des tiefst gesunkenen atheistischen Materialismus offen befördert. Auch sie stellen, genauer besehen, nur eine besondere Seite des Liberalismus dar, der eben genannten entwickeltsten Form nämlich, und es bleiben uns somit drei Hauptrichtungen: die politisch Liberalen, gegen die Religion Indifferenten; die kirchlich Liberalen innerhalb der katholischen Kirche, und die positiv ungläubigen Liberalen, sie alle mit mehrfachen Nuancirungen und Unterabtheilungen, sei es in geheimen Gesellschaften oder ausser denselben.

„Von dieser durchaus falschen Idee über die Leitung der Gesellschaft ausgehend, fürchten sie sich nicht, jene irrige, für die katholische Kirche und das Heil der Seelen im höchsten Grade verderbliche Ansicht, die schon Unser Vorgänger Gregor XVI. als Wahnsinn bezeichnete, zu begünstigen, nämlich, „dass die Freiheit des Gewissens und der Culte ein jedem Menschen eigenthümliches Recht sei, welches das Gesetz in jeder wohlgeordneten Gesellschaft aussprechen und sichern müsse, und dass den Bürgern ein Recht auf jede durch keine bürgerliche Autorität zu beschränkende Art von Freiheit innewohne, vermöge der sie ihre beliebigen Gedanken durch das Wort, durch den Druck oder auf irgend eine andere Weise offen und vor Allen kundgeben und erklären können."

„Während sie dies kühn behaupten, bedenken und erwägen sie nicht, dass sie die Freiheit des Verderbens predigen und dass „wenn es immer frei wäre, fort und fort mit menschlichen Ueberzeugungen zu streiten, es nicht an solchen fehlen könnte, die es wagen würden, der Wahrheit zu widerstehen und auf die Geschwätzigkeit menschlicher Weisheit zu vertrauen, da doch der christliche Glaube und die christliche Weisheit aus der Lehre unsers Herrn Jesu Christi selbst erkennt, wie sehr diese höchst schädliche Eitelkeit zu fliehen sei."

„Und weil dort, wo die Religion von der bürgerlichen Gesellschaft getrennt und die Lehre und die Autorität der göttlichen Offenbarung verschmäht wurde, der natürliche Begriff der Gerechtigkeit und des menschlichen Rechtes verdunkelt wird und verloren geht, und die materielle Gewalt an die Stelle der wahren Gerechtigkeit und des legitimen Rechtes tritt, ist es klar, warum manche Menschen die sichersten Principien der gesunden Vernunft missachtend und hintansetzend, hinauszurufen wagen, „der Wille des Volkes, kundgegeben durch die sogenannte öffentliche Meinung oder auf irgend eine andere Weise, begründe das oberste Gesetz, unabhängig von jedem göttlichen und menschlichen Rechte, und in der göttlichen Ordnung haben die vollbrachten Thatsachen gerade dadurch, dass sie vollbracht sind, Rechtskraft." Wer aber sieht und fühlt nicht deutlich, dass die menschliche Gesellschaft, losgelöst von den Banden der Religion und des wahren Rechtes, keinen andern Zweck mehr verfolgen kann, als die Erwerbung und Anhäufung von Reichthümern, und keinem anderen Gesetze in ihren Handlungen mehr folge, als der ungezähmten Begierde des Herzens, den eigenen Lüsten und Vortheilen zu dienen?"

In den voranstehenden Sätzen, so wie in der 3. und 56. Proposition des Syllabus *) scheint die Wurzel aller politischen Irrthümer, welche zusammen das System des Liberalismus bilden, angezeigt zu sein.

---

*) *Prop. III. Humana ratio, nullo prorsus Dei respectu habito, unus est veri et falsi, boni et mali arbiter, sibi ipsi est lex, et naturalibus suis viribus ad hominum ac populorum bonum curandum sufficit.*

Die menschliche Vernunft ist, ohne Rücksicht auf Gott, der einzige Schiedsrichter über Wahr und Falsch, Gut und Böse, sie ist sich selbst Gesetz und reicht

Es dürfte wohl als ein ebenso zeitgemässes wie verdienstliches Unternehmen erscheinen, diesen Irrthümern die Grundsätze eines gesunden Naturrechts und einer wahrhaft christlichen Politik entgegen zu halten, welche unserer Zeit fast vollständig abhanden gekommen zu sein scheinen. Als Grundlage zu dieser Arbeit wurde die Abhandlung des gelehrten Cardinals Gerdil über den Souverän, die Souveränetät und die Unterthanen gewählt, weil sie in der compendiösesten Form die wichtigsten Grundsätze des Naturrechts und der Politik ebenso geistreich als anziehend entwickelt. Anknüpfend an diese Grundlage hat man in einer Reihe von Anmerkungen auf die gegenwärtigen Zeitverhältnisse Bedacht genommen und nicht blos die in der Abhandlung des gelehrten Cardinals entwickelten Grundsätze auf dieselben anzuwenden, sondern auch ihre innigste Uebereinstimmung mit den vom heiligen Stuhle vertretenen und empfohlenen Regeln einer wahrhaft christlichen Politik nachzuweisen gesucht.

Die Abhandlung, welche den Inhalt der folgenden Blätter bildet, entwickelt in der Einleitung den Begriff der Souveränetät; dann handelt sie von den Eigenschaften oder von den wesentlichen Merkmalen der souveränen Gewalt, wobei sie Gelegenheit nimmt, die Lehre von der ursprünglich im Volke wurzelnden Souveränetät auf ihr richtiges Mass zurückzuführen; dann werden die Theile der Souveränetät oder die wesentlichen Rechte, welche sie in sich begreift, ebenso gründlich als bündig abgehandelt und die verschiedenen Regierungsformen erörtert, wobei die Vortheile und Nachtheile der Democratie, der Aristocratie und der Monarchie mit vieler Schärfe beleuchtet und gewürdigt werden. Es folgt nun ein Capitel über die verschiedenen Arten der Erwerbung der Souveränetät, namentlich in einer Monarchie, dessen interessanteste Partie die Bemerkungen über das Eroberungsrecht bilden, an welche sich zeitgemässe Betrachtungen über Ereignisse anknüpfen liessen, die noch frisch in Aller Gedächtniss sind, während sie gleichzeitig Gelegenheit boten, die Entstehung der weltlichen Herrschaft des Papstes im Lichte des Naturrechts zu betrachten. An dieses Capitel reihen sich die weiteren, über die Erwerbung der Souveränetät im Wege der Zustimmung, über Succession, über die verschiedenen Arten die Souveränetät zu verlieren, über die Pflichten der Unterthanen im allgemeinen, eines der wichtigsten Capitel der ganzen Abhandlung, weil in ihm der Gegensatz der religiösen christlichen Anschauung zu der in der Encyclica vom 8. December 1864 geschilderten naturalistischen Politik sich am schärfsten ausprägt. Dann folgen die Capitel über die Pflichten des Souveräns, über die

---

mit ihren natürlichen Kräften hin, für das Beste der Menschen und der Völker zu sorgen.

Prop. LVI. Morum leges divina haud egent sanctione, minimeque opus est ut humanae leges ad naturae jus conformentur aut obligandi vim a Deo accipiant.

Die Sittengesetze bedürfen der göttlichen Sanction nicht und es ist nicht im mindesten nothwendig, dass die menschlichen Gesetze mit dem natürlichen Rechte in Uebereinstimmung gebracht werden oder ihre verpflichtende Kraft von Gott erhalten.

Unterhaltungen des Fürsten, über die Religion, über die Kunst zu regieren, über die Erziehung, über die Censur, über die Familien, das Familienhaupt und die väterliche Gewalt voll der scharfsinnigsten Bemerkungen. In einem weiteren Capitel über den Verfall der Staaten bewährt der Verfasser eine viel vorurtheilslosere und freisinnigere politische Anschauung, als die Coryphäen des heutigen Liberalismus. Würdig reiht sich daran ein Capitel über den Müssiggang, und die dann folgenden Schlussbemerkungen des Verfassers enthalten so ergreifende Mahnungen und Warnungen, dass man meinen könnte, sie seien, statt vor bald hundert Jahren, erst gestern oder heute geschrieben.

Man lässt nun die Abhandlung selbst folgen.

Ueber den Souverän,
die Souveränetät und die Unterthanen.

Die Souveränetät ist das einer Person übertragene Recht, in letzter Instanz in der bürgerlichen Gesellschaft zu gebieten, um in derselben die Ordnung aufrecht zu erhalten und sie nach Aussen zu vertheidigen.

Das Wesen der Souveränetät besteht also hauptsächlich in zwei Sachen: Erstens in dem Rechte zu gebieten, welches die Gewalt zu verordnen, zu zwingen und zu strafen in sich begreift; zweitens in dem Rechte, in letzter Instanz zu gebieten, so dass alle Privatpersonen genöthigt sind, sich ihr zu unterwerfen, ohne dass Jemand ihr Widerstand leisten dürfte. Sonst könnte diese Autorität wenn sie in ihrer Art nicht höher wäre als jede andere auf Erden, der Gesellschaft nicht die Ordnung und die Sicherheit verschaffen, welche doch die Zwecke sind, zu denen sie eingesetzt ist.

Wir haben gesagt, die Souveränetät sei ein Recht, welches einer Person und nicht einem Menschen übertragen wurde, um zu verstehen zu geben, dass diese Person nicht blos ein einzelner Mensch, sondern auch eine in einer Rathsversammlung vereinigte Vielheit von Menschen sein kann, welche mittelst der Stimmenmehrheit nur e i n e n Willen bildet.

Wir haben gesagt einer Person, um durch diese Identität anzudeuten, dass die Souveränetät weder Spaltung noch Theilung dulden kann, dass es keinen Souverän mehr gibt, wenn mehrere vorhanden sind, weil dann keiner in letzter Instanz gebietet, und weil, wenn keiner verpflichtet ist, dem Andern nachzugeben, in Folge ihrer Concurrenz nothwendiger Weise Alles in Verwirrung gerathen muss. Endlich haben wir beigefügt, zur Aufrechthaltung der Ordnung und der Sicherheit, um den Zweck der Souveränetät bekannt zu geben. *)

---

*) „Es muss in jedem Staate eine höchste Gewalt sein, der gegenüber alle andern Gehorchende oder Unterthanen sind," sagt W a l t e r, Naturrecht und Politik, §. 246. „Diese höchste Gewalt ist das, was man die Souveränetät nennt. Eine solche

Es ist gewiss, dass die souveräne Autorität für das allgemeine Beste der Bürger eingesetszt ist; die Menge ist nicht für den Souverän erschaffen worden, sondern Gott wollte, dass es Souveräne gebe, um die Menge zu ihrem wahren Wohl zu führen. Dass gibt der Apostel mit den beiden Worten zu verstehen, welche den Fürsten wunderbar kennzeichnen: *Minister Dei in bonum*. Der Fürst ist der Diener Gottes zum Guten. — Diese beiden Worte schliessen den Verein der höchsten Tugenden in sich, welche den grössten Gütern zugewendet sind: das ist die erhabene Bestimmung eines Fürsten. Nichts darf ihm zu schwer werden, um sich würdig zu machen, der Stellvertreter Gottes auf Erden und das Werkzeug seiner Wohlthaten gegen das Menschengeschlecht zu werden.

Es ist also wahr und nichts ist so wahr, dass der Fürst der Mann Gottes im Volke ist, und dass die Souveränetät ihm nicht für seine eigene Grösse oder zu seiner eigenen Befriedigung verliehen wurde, sondern damit er auf Erden die Gerechtigkeit, die Ordnung und den Frieden herrschen lasse.

Indessen folgt daraus nicht, dass die Souveränetät aufhöre, eine rechtmässige Autorität zu sein, wenn die Souveräne sich von diesem Zweck abwenden. Der Missbrauch in der Ausübung der Autorität zerstört nicht den rechtmässigen Titel der Autorität, der Zweck der väterlichen Autorität ist gewiss das Wohl der Kinder; wenn der Vater diese Autorität missbraucht, macht er sich strafbar, aber die väterliche Gewalt hört darum nicht auf, eine rechtmässige Autorität zu sein. Aus demselben Grunde macht sich der Fürst sehr strafbar vor Gott, so oft er die Autorität, welche Gott ihm nur zum Wohle der Völker verliehen hat, in seinem Privatinteresse verwendet; aber man darf daraus nicht mit Burlamaqui schliessen, dass dann die Souveränetät aufhöre eine rechtmässige Autorität zu sein.*)

Alle andern Mitglieder des Staats nennt man Unterthanen, d. h. sie sind verpflichtet dem Souverän zu gehorchen.

Burlamaqui **) behauptet, die Kinder gehen diese Verpflichtung nur kraft einer, wenigstens stillschweigenden Zustimmung ein, und man nehme diese

---

muss sich in jeder Verfassungsform finden. Ein Staat, worin der höchsten Gewalt gegenüber die Einzelnen nicht Gehorchende sind und sein müssen, ist schlechthin unmöglich. Aus dem Begriff derselben, aus der höchsten Gewalt ergibt sich dreierlei. Erstens ist sie nach aussen hin selbsständig und ausschliesslich, zweitens hat sie, als die höchste, äusserlich keinen Richter über sich, weil dieser sonst der Höchste wäre. Drittens ist sie als die über Alle erhabene, keiner Verantwortlichkeit nach unten unterworfene Autorität heilig und unverletzlich. Innerlich ist sie jedoch nicht willkührlich und unbeschränkt, sondern an die aus der Natur des Staates als einer sittlichen Ordnung hervorgehenden Gesetze gebunden."   Anm. d. Herausg.

*) Hieher gehört die 63. verworfene Proposition des Syllabus: *Legitimis principibus obedientiam detrectare, immo et rebellare licet*. — Man darf den rechtmässigen Fürsten den Gehorsam versagen, ja auch gegen sie aufstehen.

**) Ein französischer Lehrer des Naturrechtes, der im Jahre 1747 ein Lehrbuch verfasste, welches noch jetzt in Frankreich grosses Ansehen geniesst.

Zustimmung an, wenn die Kinder die Unterscheidungsjahre erreicht haben, und in ihrer Familienstätte oder in ihrem Vaterland wohnen wollen; er stützt sich darauf, dass die Stipulation der Väter an sich nicht die Kraft habe, ihre Kinder einer Autorität zu unterwerfen, der sie sich nicht unterwerfen wollen.

Aber die Alten waren der Ansicht, dass die Kinder an den Staat, in welchem sie geboren werden, durch ein Band gebunden seien, welches dem, das sie an ihre Eltern knüpft, fast ähnlich sei. In der That haben Vater und Mutter unter dem Schutz und Schirm der Gesetze sich die Mittel zu ihrer Existenz, zu ihrer Verheiratung und zur Erziehung ihrer Kinder verschafft, diese müssen also für ihre Geburt und für ihre Erziehung dem Vaterlande nicht minder erkenntlich sein, als ihren Eltern; das ist die Hauptgrundlage der Pflicht, welche sie unabhängig von der Stipulation ihrer Eltern an das Vaterland binden muss. Uebrigens scheint es nicht gar vernünftig, diese Pflicht auf die stillschweigende Zustimmung zu gründen, welche man bei einem Kinde annimmt, wenn es die Unterscheidungsjahre, d. h. das Alter von etwa 7 Jahren erreicht hat, und dann fortfährt an seiner Familienstätte wohnen zu wollen. Die Kinder denken da gar nicht einmal daran, dass eine stillschweigende Zustimmung vorhanden ist, welche sie verpflichtet. Indess gesteht Burlamaqui, dass sie von da an eine wahre Unterwerfung unter die Autorität der Regierung eingehen. Ist es also nicht einfacher, diese Unterwerfung auf das unbestreitbare Princip der Verpflichtung zu gründen, welche die Kinder durch ihre Geburt gegen das Vaterland eingehen, dem sie das Dasein ebenso gut verdanken, als ihren Eltern?

Die Unterthanen des Staates unterscheiden sich in Bürger und einfache Einwohner.

Die ersteren sind diejenigen, welche die Vorrechte der Gesellschaft geniessen, nämlich diejenigen, die an den Rechten theilnehmen, welche die Verfassung denen bewilligt, die eigentlich als Mitglieder des Staates betrachtet werden.

Die Eigenschaft als Bürger ist mehr oder weniger umfassend, je nach den verschiedenen Regierungsformen.

In der Democratie ist der Bürger nach der Definition des Aristoteles derjenige, welcher das Stimmrecht hat.

Der Commentator Burlamaqui's sagt, eine wohlgeordnete Gesellschaft dürfe den niedrigen Pöbel nicht zu diesem Rang zulassen.

Das heisst, es gibt selbst in einer wohleingerichteten democratischen Regierung ein Volk, welches gebietet, und ein Volk, welches der Autorität des andern Theils unterthan ist, ohne irgend welchen Theil daran zu haben. Das beweist, dass es keine Regierung gibt, wo die souveräne Autorität **das Ergebniss eines wirklichen Vertrags aller derjenigen wäre welche die Gesellschaft ausmachen**, sonst müsste auch der niedere,

Pöbel in diesen Vertrag eintreten, von welchem angenommen würde, dass aus ihm die Gesetze und die Regierung alle ihre Autorität herleiten.*)

In der Aristocratie hat die Eigenschaft eines einfachen Bürgers keine andere Ausdehnung, als dass er die Rechte geniesst, welche die Verfassung den Mitgliedern des Staats bewilligt.

In der Monarchie können alle Unterthanen durch ihr Verdienst und durch ihre Dienstleistung zu allen Staatsämtern gelangen und daraus ergibt sich, dass die Eigenschaft eines Bürgers in ihr von ausgezeichneteren Vorrechten begleitet ist als in der Aristocratie.

Ausser dem Verhältniss als Mitglieder eines und desselben Staates haben die Bürger verschiedene Privatverhältnisse unter einander, die man auf zwei

---

*) „Der Staat ist kein Vertragswerk," sagt Dahlmann, Politik §. 2. „Der Staat ist uranfänglich. Die Urfamilie ist Urstaat. Jede Familie, unabhängig dargestellt, ist Staat." „Das erste Unterwürfigkeitsverhältniss," sagt Walter, Naturrecht und Politik, §. 51, „ist das der Kinder zu dem Hausvater, und dieses war das Werk der Natur und des Bedürfnisses. Hieraus gingen in ununterbrochener Folge die Autorität des Stammesoberhauptes und andere Formen der Herrschaft hervor. Wo also Menschen entstanden und entstehen, finden sie schon eine Ordnung und Gewalt als bestehend vor; sie wachsen ohne es zu wissen und zu wollen in den Gehorsam gegen dieselbe hinein. Der Gedanke, dass sich bei jedem Menschen stillschweigend ein Vertrag vollziehe, wodurch er sich dem Staate verbinde und unterwerfe, ist eine durchaus willkürliche Fiction. Ein solcher Act existirt im Bewusstsein keines einzigen Menschen, sondern wie dieses erwacht, findet man sich schon an den Staat mit den mannichfachsten Banden des Gemüthes und des Bedürfnisses gebunden, die zu zerreissen man nicht den Willen, kaum die Macht hat und wobei man daher an einen Vertrag nicht denkt. Auch wenn man auswandert, findet man an dem andern Orte immer wieder eine Ordnung und Gewalt vor, der man sich, so wie sie ist, unterwerfen muss."

Papst Pius VI. äussert sich über die Vertragstheorie oder den *contrat social* in seinem Schreiben an den Cardinal de la Rochefoucauld vom 10. März 1791 also: *„Quis jam ignoret, creatos esse homines, ut non solum singuli sibi sed et aliis vivant ac prosint hominibus? In hac enim naturae infirmitate mutuo indigent sui ad conservationem subsidio, atque idcirco a Deo et rationem et loquendi facultatem tenuerunt, ut et opem petere, et petentibus praestare scirent et possent, proinde ab ipsa naturae inductione in societatem communionemque inierunt. Jam cum hominis sit, ita sua ratione uti, ut supremum auctorem suum non tantum agnoscere, verum et colere, admirari, ad eumque se, suaque omnia referre debeat; cum que ipsum subjici jam ab initio majoribus suis necesse fuerit, ut ab ipsis regatur atque instruatur, vitamque suam ad rationis, humanitatis, religionisque normam instituere valeat; certe ab uniuscujusque ortu irritam constat, atque inanem esse jactatam illam inter homines aequalitatem ac libertatem. Necessitate subditi estote. Itaque ut homines in civilem societatem coalescere possent, gubernationis forma constitui debuit, per quam jura illa libertatis adstricta sunt sub leges supremamque regnantium potestatem; ex quo consequitur, quod sanctus Augustinus docet in haec verba: Generale quippe pactum est societatis humanae obedire regibus suis. Quapropter haec potestas non tam a sociali contractu, quam ab ipso Deo recti justique auctore repetenda est. Quod quidem confirmavit Apostolus in superius lau-*

Classen zurückführen kann. Das eine entsteht, wenn Einige gewisse Privatkörperschaften bilden; das andere, wenn die Souveräne gewissen Personen einen Theil der Regierung anvertrauen.

Die Privatkörperschaften heissen Gesellschaften, Collegien, Vereine, Genossenschaften.

Es gibt öffentliche, welche durch die Autorität des Souveräns eingesetzt sind, und private, welche die Privatleute von sich aus bilden.

Diese sind rechtmässig oder unrechtmässig; rechtmässig, wenn sie nichts gegen die Ordnung, gegen die guten Sitten und gegen die Autorität des Souveräns enthalten, man betrachtet sie als vom Staate genehmigt, auch wenn ihnen keine formelle Autorisation ertheilt wurde: solcher Art waren in ihrem

data epistola: Omnis anima potestatibus sublimioribus subdita sit: non est enim potestas nisi a Deo, quae autem sunt, a Deo ordinatae sunt. Itaque qui resistit potestati, Dei ordinationi resistit: qui autem resistunt, ipsi sibi damnationem acquirunt. Wer sollte nicht wissen, wie die Menschen geschaffen sind, dass nicht nur jeder Einzelne für sich, sondern auch für andere Menschen lebe und ihnen nütze? Denn bei der Schwäche ihrer Natur bedürfen sie zu ihrer Erhaltung der gegenseitigen Unterstützung, und darum haben sie von Gott die Vernunft und die Gabe der Sprache erhalten, damit sie um Hilfe bitten und den darum Bittenden sie leisten könnten, **daher haben sie sich durch Anleitung der Natur selbst zur Gesellschaft und Gemeinschaft zusammengefügt.** Und da es die Aufgabe des Menschen ist, von seiner Vernunft solchen Gebrauch zu machen, dass er seinen höchsten Urheber nicht nur anerkennen, sondern auch verehren, bewundern, sich und all das Seinige auf ihn beziehen muss und dass er schon von Anfang an seinen Aeltern sich unterwerfen musste, damit er von ihnen geleitet und unterwiesen werde und sein Leben nach der Norm der Vernunft, der Menschlichkeit und der Religion einzurichten vermöge, steht gewiss schon durch den Ursprung eines Jeden fest, nichtig und eitel sei die unter den Menschen gerühmte Freiheit und Gleichheit. **Darum ist es eure Pflicht, unterthan zu sein.** *) Damit also die Menschen in eine bürgerliche Gesellschaft zusammenwachsen konnten, musste eine Regierungsform begründet werden, durch welche jene Rechte der Freiheit unter die Gesetze und unter die höchste Gewalt der Herrschenden eingeschränkt werden, woraus folgt, was der heilige Augustinus mit den Worten lehrt: **Es ist eine allgemeine Bedingung der menschlichen Gesellschaft, dass sie ihren Königen gehorche.** **) Darum ist diese Gewalt nicht von einem Gesellschaftsvertrag, sondern von Gott selbst, dem Urheber des Rechten und des Gerechten, herzuleiten, das bestätigt auch der Apostel in dem oben erwähnten Briefe: **Jedermann unterwerfe sich der obrigkeitlichen Gewalt, denn es gibt keine Gewalt, ausser von Gott, und die, welche besteht, ist von Gott angeordnet. Wer demnach sich der Gewalt widersetzt, der widersetzt sich der Anordnung Gottes, und die sich widersetzen, ziehen sich selbst Verdammniss zu.** ***)

Anmerk. d. Herausg.

---

*) Röm. XIII. 5.
**) Lib. 3. Confess. cap. 8. t. 1. Op. ed. Maur. p. 94.
***) Röm. XIII. 1 u. 2.

Ursprunge die gelehrten Gesellschaften, welche Anlass zur Errichtung von Academien gaben.

Unrechtmässige Körperschaften sind nicht blos diejenigen, deren Mitglieder sich zusammenthun, um offen Verbrechen zu begehen, wie die Räuber-, Diebs- und Corsarenbanden, sondern auch alle Arten von Verbindungen, welche die Unterthanen ohne Zustimmung des Souveräns und auf eine, dem Zwecke der bürgerlichen Gesellschaft entgegengesetzte Weise eingehen. Man nennt diese Verbindungen Complotte, Factionen, Verschwörungen.

Man muss nicht blos die Privatverbindungen, deren Zweck man geheim hält, sondern auch jene, die sich hinter den plausibeln Vorwand der Reform von Missbräuchen stecken, als verdächtige und gefährliche Complotte und Factionen betrachten.

Schritte, welche an sich unschuldig wären, werden gefährlich, wenn sie auf dem Wege der Complotte geschehen; es ist z. B. gestattet, dem Souverän eine Bittschrift zu überreichen, aber wenn man das in Begleitung einer grossen Zahl von Leuten thut, so gränzt es an Aufruhr.

So ist es durch die Kriegsgesetze den Soldaten bisweilen bei Todesstrafe verboten, ihren Sold rottenweise zu verlangen.

Diejenigen unter den Bürgern, welchen der Souverän einen Theil der Regierung anvertraut, die sie in seinem Namen und kraft seiner Autorität ausüben, stehen demzufolge in einem besonderen Verhältniss zu den andern Bürgern und haben gegen den Souverän engere Verpflichtungen.

Von den Eigenschaften oder wesentlichen Merkmalen der souveränen Gewalt.

Die Souveränetät ist die Gewalt, in letzter Instanz im bürgerlichen Staate zu gebieten.

Diese Definition genügt, um anzuzeigen, welches die Merkmale der Souveränetät sein müssen.

Das erste Merkmal ist die Unabhängigkeit von jeder anderen Autorität auf Erden in Bezug auf den bürgerlichen Staat. Es ist absolut nothwendig, sagt Burlamaqui, dass es in jeder Regierung eine solche oberste Gewalt gebe. Denn da man die Gewalten nicht in's Unendliche vermehren kann, muss man nothwendiger Weise bei irgend einer Stufe der Autorität, welche höher ist als alle andern, Halt machen, und welches auch die Form der Regierung sei, immer muss man einer souveränen Entscheidung unterworfen sein, weil es einen Widerspruch in sich schliesst, zu sagen, es gebe Jemanden über dem, der in derselben Ordnung von Wesen den höchsten Rang einnimmt.

Ein zweites Merkmal, welches eine Folge des ersten ist, besteht darin, dass der Souverän als solcher Niemanden hienieden über sein Verhalten Rechenschaft zu geben hat, und keiner Strafe von Seiten der Menschen unterworfen ist, denn beides setzt einen Oberen voraus.

Das dritte Merkmal der Souveränetät besteht darin, dass sie über den menschlichen Gesetzen steht. Das ist von der Zwangsgewalt und von der Unterwerfung unter die gegen die Uebertreter verfügten Strafe zu verstehen. Denn im übrigen gesteht Burlamaqui, die Billigkeit verlange, dass der Fürst seine eigenen Gesetze befolge, in Allem, was nicht mit seiner Würde unverträglich ist, damit seine Unterthanen um so wirksamer zur Beobachtung derselben bewogen werden, und, muss man beifügen, weil der Fürst mehr als jeder andere verpflichtet ist, das öffentliche Wohl zu befördern, welches der Gegenstand der Einrichtung der Gesetze ist.

Burlamaqui stellt auf die Annahme eines vorausgehenden Naturzustandes fest, dass diese Souveränetät, wie sie eben dargestellt wurde, ursprünglich im Volke ruhe*); er gesteht nichts desto weniger, dass man, sobald ein Volk sein Recht an einen Souverän übertragen habe, nicht ohne Widerspruch annehmen könnte, dass es noch Herr desselben bleibe. Daraus schliesst er, es sei gewiss, dass ein Volk, wenn es sich einem Könige, der wirklich ein solcher ist, unterworfen, keine souveräne Gewalt mehr habe. Sonst, fügt sein Commentator bei, gäbe es in einem und demselben Staate zwei Souveräne auf einmal, was der Definition von der souveränen Gewalt widerstreitet.**)

---

*) Dem Staate geht kein Naturzustand voran, sagt Burke. Der Staat ist mithin keine Erfindung weder der Noth, noch der Geschicklichkeit, keine Actiengesellschaft, keine Maschine, kein aus einem frei aufgegebenen Naturleben hervorspringendes Vertragswerk, kein nothwendiges Uebel, kein mit der Zeit heilbares Gebrechen der Menschheit; er ist eine ursprüngliche Ordnung, ein nothwendiger Zustand, fügt F. C. Dahlmann in seiner „Politik" bei. Der Staat ist uranfänglich, der Mensch ist von Natur ein Staatswesen, sagt Aristoteles. Anmerk. d. Herausgebers.

**) Aus der obengegebenen Definition der Souveränetät geht auch die Unzulässigkeit der modernen Idee von der Theilung der Gewalten und von der Verantwortlichkeit der Minister dem Volke oder seinen Vertretern gegenüber hervor. Die Theilung der Gewalten widerspricht dem Begriffe der Souveränetät, welche, wie oben gesagt wurde, weder Spaltung noch Theilung dulden kann; an einem Reiche, in welchem eine solche Theilung der Gewalten grundsätzlich oder thatsächlich durchgeführt würde, müsste früher oder später der Spruch sich bewahrheiten: *Omne regnum in se divisum desolabitur* — Jedes Reich, das in sich gespalten ist, wird trostlos werden. — Die Verantwortlichkeit der Minister gegenüber dem Volke oder seinen Vertretern ist in einer Monarchie aus dem Grunde unzulässig, weil sie die Souveränetät zwischen dem Monarchen, der die Minister ernennt, und zwischen dem Volke oder seinen Vertretern, denen sie verantwortlich sein sollen, theilt. Wenn aber gar die Volksvertretung dem Monarchen die Minister aufdringen will, so entkleidet sie denselben seiner wesentlichsten Souveränetätsrechte; denn dann ist es nicht mehr der Monarch, welcher in letzter Instanz im Staate gebietet, sondern die Volksvertretung, die dem Monarchen die Principien der Regierung und sogar die Persönlichkeiten vorschreibt, welchen er einen Theil der Regierung anvertrauen muss. Anmerkung des Herausgebers.

Aber, welches auch der Umfang der souveränen Gewalt sein mag, so muss man sich doch hüten, die absolute Gewalt mit der willkürlichen Gewalt zu verwechseln. Die willkürliche Gewalt wäre die eines Souveräns, von dem man annehmen würde, er könne seine Autorität rechtmässiger Weise in seinem eigenen Interesse ohne irgend welche Rücksicht auf das öffentliche Wohl oder selbst gegen das öffentliche Wohl anwenden; das ist die Gewalt eines Herrn, dem man das Recht zuerkennt, über seine Sklaven nicht zu ihrem Besten, sondern in seinem eigenen Interesse zu verfügen. Die absolute Gewalt dagegen schliesst die Verpflichtung des Souveräns, jede Anwendung seiner Macht auf das öffentliche Wohl zu beziehen nicht aus, sie schliesst nur die Abhängigkeit von einer andern Gewalt aus, so dass der Souverän, der eine absolute Gewalt besitzt, in der Erlassung von Anordnungen, die er für das Staatswohl zuträglich hält, von Niemanden abhängt.

Die willkürliche Gewalt wäre dem Zwecke der Gesellschaft selbst entgegen, welcher doch die Quelle und die Regel der öffentlichen Gewalt ist; sie ist also unrechtmässig ihrer Natur nach, während die absolute Gewalt nicht an und für sich dem Wohle der Gesellschaft entgegen ist und sogar sehr viel zu demselben beitragen kann, wenn sie in gute Hände kommt.

Burlamaqui handelt dann von der absoluten und von der beschränkten Souveränetät, aber diese Fragen beziehen sich auf die verschiedenen Regierungsformen.

Von den Bestandtheilen der Souveränetät
und von den wesentlichen Rechten, die sie in sich schliesst.

Um zu wissen, welches die Bestandtheile der Souveränetät sind, darf man nur auf ihr Wesen und auf ihren Zweck achtgeben. Die Souveränetät hat zum Zweck die Erhaltung der Ruhe und der Wohlfahrt des Staates nach Innen wie nach Aussen; sie muss also Alles in sich schliessen, was zu diesem Zwecke wesentlich nothwendig ist.

1. Demzufolge ist der erste Bestandtheil der Souveränetät und gewissermassen die Grundlage der andern die gesetzgebende Gewalt, kraft deren der Souverän allgemeine und beständige Regeln festsetzt, welche den Zweck haben, den Frieden und die Ordnung aufrecht zu erhalten, vorzuschreiben, was die Bürger zum allgemeinen Besten zu thun und zu lassen haben, die bezüglichen Rechte der Bürger, die zur Erwerbung oder Uebertragung derselben geeigneten Titel und endlich die Mittel zur Geltendmachung derselben ohne Störung der öffentlichen Ruhe und Ordnung zu bestimmen.

2. Zur gesetzgebenden Gewalt muss man die Zwangsgewalt fügen, ohne welche die erstere nutzlos wäre. Diese Gewalt besteht in der Festsetzung von Strafen gegen diejenigen, welche durch ihre Unordnungen die Gesellschaft ver-

wirren; aber, sagt Burlamaqui, soll die Furcht vor Strafe einen hinreichend starken Eindruck auf die Geister machen, so muss das Strafrecht sich so weit erstrecken, dass es das grösste aller natürlichen Uebel, nämlich den Tod verhängen kann, sonst wäre die Furcht vor der Strafe nicht immer fähig, der Kraft der Lust und der Leidenschaft das Gleichgewicht zu halten, mit einem Worte, man muss offenbar ein grösseres Interesse haben, das Gesetz zu beobachten, als es zu verletzen. Das Recht des Schwertes ist also die grösste Gewalt, welche ein Mensch über einen andern Menschen ausüben kann.

3. Da man nicht immer über die beste Art der guten Anwendung der Gesetze auf besondere Fälle einig ist, und da es oft bei den Handlungen, die man als ungesetzlich bezeichnet, manche Umstände gibt, welche eine aufmerksame Prüfung erfordern, so ist es nothwendig, dass der Souverän (von sich aus oder durch seine Beamten) die unter den Bürgern entstandenen Streitigkeiten erfahre und über sie entscheide. Das nennt man Jurisdiction oder richterliche Gewalt, und dahin gehört auch das Recht, Gnade zu üben, wenn ein rechtmässiger Grund es erfordert.

4. Um den Staat nach Aussen zu sichern, muss der Souverän mit der Gewalt ausgerüstet sein, seine Unterthanen zu bewaffnen, Krieg zu erklären und Frieden sowie Allianzverträge mit fremden Staaten zu schliessen.

5. Da der König nicht Alles selbst in Vollzug bringen kann, muss er nothwendig das Recht haben, Minister, Officiere und Richter zu ernennen, welche die Geschäfte in seinem Namen und unter seiner Autorität besorgen und der Souverän, der ihnen diese Aemter anvertraut hat, kann und darf sie zwingen, dieselben auszuüben.

6. Da die Staatsgeschäfte beträchtliche Auslagen erfordern, hat der Souverän das Recht, seine Unterthanen soviel beisteuern zu lassen, als es die öffentlichen Bedürfnisse erfordern. Das nennt man das Recht der Subsidien oder der Steuer.

Von den verschiedenen Regierungsformen.

Es muss in jeder Gesellschaft eine souveräne Gewalt und in letzter Instanz geben, aber diese Gewalt kann auf verschiedene Arten bestellt sein; daraus ergeben sich verschiedene Arten von Regierungen, je nachdem die Souveränetät entweder in einem einzelnen Menschen oder in einer mit Rücksicht auf den Staat mehr oder weniger zahlreichen Versammlung ihren Sitz hat.

Es dürfte nicht nutzlos sein, zu bemerken, das die Regierungsform die Verfassung des Staates ausmacht, und dass die Grundgesetze eben jene sind, welche die Verfassung regeln und feststellen, oder welche zur Aufrechthaltung einer bestimmten Verfassung absolut nothwendig sind.

Man führt die verschiedenen Regierungsformen zunächst auf zwei allgemeine Classen zurück, auf einfache und gemischte, welche Puffendorf mit dem

Namen regelmässige und unregelmässige bezeichnet. Es gibt drei einfache Regierungsformen, die Democratie, die Aristocratie und die Monarchie, je nachdem die souveräne Gewalt entweder in der Menge selbst, nämlich in den zu einer Rathsversammlung vereinigten Familienhäuptern, oder in einem aus den vornehmsten Bürgern bestehenden Rath oder endlich in einem einzigen Oberhaupt ihren Sitz hat, welches man König, Kaiser, Souverän oder Monarch nennt.

Da in einer Democratie der Souverän eine aus der Vereinigung aller Familienhäupter zu Einem und demselben Willen bestehende moralische Person ist, sind zu ihrer Verfassung drei Dinge absolut nothwendig, die man als eben so viele Grundgesetze dieser Verfassung betrachten kann.

1. Muss ein bestimmter Ort und eine bestimmte Zeit zur gemeinsamen Berathung der öffentlichen Angelegenheiten festgesetzt sein, sonst könnten sich die Mitglieder des souveränen Raths in verschiedenen Orten versammeln, woraus Parteiungen entstünden, welche die dem Staate wesentlich nothwendige Einheit zerreissen würden.

2. Muss man als Regel aufstellen, das die Stimmenmehrheit für den Willen Aller gilt, sonst könnte man keine Angelegenheit zu Ende bringen, da es unmöglich ist, dass eine grosse Zahl von Leuten immer derselben Ansicht sei.

3. Endlich ist es für die Democratie wesentlich, dass man Behörden einsetzt, welche beauftragt sind, die Volksversammlung in ausserordentlichen Fällen zu berufen, die laufenden Geschäfte in ihrem Namen zu erledigen und die Beschlüsse der souveränen Versammlung zu vollziehen.

Was die Aristocratie betrifft, so müssen, da die Souveränetät in einem aus den Vornehmsten der Nation zusammengesetzten Rath oder Senat ihren Sitz hat, dieselben Bedingungen, welche für die Democratie wesentlich sind, auch zur Bildung einer Aristocratie zusammenwirken.

Die Aristocratie kann doppelter Art sein, eine erbliche oder eine wählbare. Die erste bleibt auf eine bestimmte Zahl von Familien beschränkt, welchen folglich die Geburt allein ein Recht gibt, das auf die Kinder übergeht. Die Wahl-Aristocratie ist jene, in welcher man nur durch eine Wahl zur Regierung gelangt.

Eine Bemerkung, welche eben so gut auf die Democratien, als auf die Aristocratien Anwendung findet, ist die, dass sowohl in einem Volksstaat, als in einer Regierung der Vornehmen nicht jeder Bürger oder jedes Mitglied des Rathes die souveräne Gewalt oder auch nur einen Theil dieser Gewalt hat. Diese Gewalt hat ihren Sitz entweder in der nach den Gesetzen berufenen allgemeinen Volksversammlung oder im Rathe der Vornehmen. Denn es ist etwas Anderes, einen Theil der Souveränetät, und etwas Anderes, das Stimmrecht in einer mit der souveränen Gewalt bekleideten Versammlung zu besitzen. Die gemischten Regierungen entstehen durch das Zusammenwirken der drei einfachen Formen oder auch nur zweier derselben; sie werden gebildet durch die Theilung der

Ausübung der verschiedenen Theile der Souveränetät unter verschiedene Personen oder unter verschiedene Körperschaften.

Die Grundgesetze müssen die Grenzen der Gewalt derjenigen, denen sie dieselbe anvertrauen, so gut regeln, dass man den Umfang der Jurisdiction einer jeden dieser nebeneinanderstehenden Gewalten leicht sehen kann.

In dieser Verfassung sind die Grundgesetze wahre Uebereinkommen, *pacta conventa*, zwischen den verschiedenen Ständen des Staates, durch welche dieselben untereinander stipuliren, dass jeder von ihnen diesen oder jenen Antheil an der Souveränetät habe, und dass dies die Regierungsform bilden soll. So erwirbt jede der contrahirenden Parteien ein ursprüngliches Recht auf die Ausübung und Festhaltung der Gewalt, welche ihr verliehen ist. Sie könnte wider ihren Willen und durch den blossen Willen Anderer derselben nicht beraubt werden. Der Grund davon ist der, weil die Verfassung dieser Regierungen nur auf demselben Wege geändert werden kann, auf welchem sie zu Stande kam, nämlich durch die einmüthige Mitwirkung aller contrahirenden Theile, welche die Regierungsform durch den ursprünglichen Gesellschaftsvertrag festgestellt haben.

Trotz dieser Theilung findet Burlamaqui doch eine Art Einheit in dieser Verfassung; es gibt hier, sagt er, eigentlich nur einen einzigen Souverän, der die Fülle der Souveränetät in sich hat; es gibt hier nur Einen obersten Willen. Dieser Souverän ist die durch die Vereinigung aller Stände des Staats gebildete Körperschaft aller Bürger, und dieser oberste Wille ist das Gesetz, durch welches dieser ganze Körper der Nation seinen Willen kundgibt.

Das ist wahr, wenigstens im idealen Sinne; aber es gibt solche gemischte Verfassungen, wo nach der Theilung der verschiedenen Theile der Autorität unter gewisse Personen oder gewisse Stände der ganze Körper der Nation keine legalen Versammlungen mehr hat, welche den allgemeinen Willen erklären könnten. Dieser allgemeine Wille ermangelt so eines eigentlichen und reellen Subjects, welches ihn interpretiren und zur Geltung bringen kann. Jeder der verschiedenen Stände des Staates sucht ihn so viel als möglich zu seinen Gunsten auszudehnen und zu wenden; es ist keinem Gesetze möglich, die Grenzen ihrer Jurisdiction auf eine so klare und präcise Weise festzustellen, dass es allen Zweifeln und allen Streitigkeiten vorzubeugen vermöchte.

Daraus entsteht ein natürlicher Conflict zwischen den verschiedenen Ständen des Staates, welche einen Theil der Souveränetät geniessen. **Die Völker, welche gar oft gegen ihren eigenen Vortheil blind sind, betrachten diese Rivalität als das Siegel und die Garantie ihrer Freiheit** und zollen bisweilen den Uebeln, welche sie veranlasst, Beifall. Aber diese Uebel sind reelle trotz der Ansicht, welche sie in einem milderen Lichte erscheinen lässt, **und es folgen ihnen oft furchtbare Erschütterungen und sogar der Untergang des Staates.** *)

---

*) Die Theilung der Gewalten, d. h. mit andern Worten die Theilung der Souveränetät ist seit 1789 das grosse Losungswort des Liberalismus. Manche schwärmen

Derselbe Autor bemerkt scharfsinnig, dass man die Regierungs f o r m nicht mit der Regierungs a r t verwechseln dürfe. In einem democratischen Staate z. B. kann das Volk entweder ein Oberhaupt oder einen Senat mit der Besorgung verschiedener Geschäfte beauftragen. In einem aristocratischen Staat kann es eine mit einer besonderen Autorität bekleidete oberste Behörde oder sogar eine Volksversammlung geben, welche man zuweilen zu Rathe zieht, oder es können endlich in einem monarchischen Staate die wichtigen Angelegenheiten in einem Senat berathen werden; alle diese zufälligen Umstände ändern nichts an der Regierungs f o r m, es findet darum keine Theilung der Souveränetät statt, und der Staat bleibt immer entweder rein democratisch, oder aristocratisch, oder monarchisch. Denn es ist ein grosser Unterschied zwischen der Ausübung eines Theiles der Souveränetät durch eine Gewalt, deren Quelle der Souverän ist, wie z. B. die Gewalt einfacher Richter, Souveräne oder Behörden, welche von einer souveränen Person abhängen, wie es in dem angenommenen Falle vorkommt, und zwischen dem eigenen Besitze eines Theiles der Souveränetät kraft der *pacta conventa*, wie es bei den gemischten Regierungen vorkommt.

Uebrigens, sagt Puffendorf, verhält es sich mit der Souveränetät wie mit jeder andern Art von Rechten und von Gewalt, welche die Einen gut, die Andern schlecht ausüben, wesshalb man auch zwischen einem gesunden und wohlgeordneten und einem kranken Staat unterscheidet. Diese Krankheiten kommen entweder von dem Missbrauche, den man mit der souveränen Gewalt treibt, oder von der schlechten Verfassung des Staates, darum führt man sie auch auf zwei Classen zurück, nämlich auf die Mängel der Personen und auf die Mängel der Regierung.

---

aufrichtig, für dieses System und glauben in ihm die einzige Bürgschaft der wahren Freiheit zu finden, ungewarnt durch die Lehren, welche die Geschichte dieses Systems ihnen in Frankreich, Spanien, Deutschland und neuestens auch in England und in dem constitutionellen Musterstaate Belgien gegeben, wo man sogar das Princip der Majoritätsregierung auf den Kopf gestellt und der Parteiwillkürherrschaft zu lieb die Minorität der zweiten Kammer zur Majorität gemacht hat; ungewarnt durch die unaufhörlichen Verfassungswirren, die beständigen Ministerwechsel, die dynastischen Revolutionen in Frankreich und die zahllosen Pronunciamentos in Spanien. Möchte man doch diese traurigen Früchte der Theilung der Gewalten ins Auge fassen, möchte man doch über ihre Quelle nachdenken, ernstlich nachdenken, man würde bald auf den wahren Grund dieser Erscheinung kommen und auf's Neue die Wahrheit des Satzes bestätigt finden: *Omne regnum in se divisum desolabitur.* Anders verhält es sich mit denen, welche die Theilung der Gewalten nur als den Durchgangspunkt zur reinen Democratie betrachten. Diese wissen recht wohl, was sie thun, indem sie für die Theilung der Gewalten kämpfen, ihnen sind die Früchte dieses Systems ganz willkommen, denn sie bereiten ja der reinen Volkssouveränetät die Bahn. Sie sind jedoch, wenn sie sich zu ihrem letzten Ziele bekennen, weniger gemeinschädlich, als jene naïven Schwärmer, die in gutem Glauben die Theilung der Gewalten als die Garantie der wahren Freiheit proclamiren. _ Anmerkung des Herausgebers.

In der Monarchie sind es die Mängel der Person, wenn dem, der auf dem Throne sitzt, die zur Regierung nöthigen Eigenschaften fehlen, wenn ihm das öffentliche Wohl nur wenig oder gar nicht am Herzen liegt, wenn er seine Unterthanen dem Ehrgeiz und der Habsucht seiner Minister preisgibt; wenn er sich durch seine Grausamkeit oder durch seine Zornausbrüche verhasst macht; wenn er sich kein Gewissen daraus macht, den Staat ohne Noth in Gefahr zu bringen, wenn er die Einkünfte oder die Abgaben, die er für die Staatsbedürfnisse bezieht, in Schwelgerei, in Luxus und in übelangebrachter Freigebigkeit verschwendet, wenn er durch Bedrückung seiner Unterthanen und durch Erpressung ihres Geldes überflüssige Reichthümer anhäuft; wenn er gewaltthätig und ungerecht ist: mit einem Worte, wenn er wegen dieser oder anderer ähnlicher Fehler den Titel eines schlechten Fürsten verdient.

In Bezug auf die Aristocratien sind es Mängel der Personen, wenn ehrgeizige Umtriebe oder andere krumme Wege schlechten oder regierungsunfähigen Leuten Eingang in den Rath verschaffen, mit Ausschluss derjenigen, welche das Verdienst und die erforderlichen Eigenschaften haben, wenn sich Parteien und Cabalen unter den Senatoren bilden; wenn die Grossen das Volk wie Sklaven behandeln, und sich durch die Plünderung des öffentlichen Schatzes bereichern.

Mängel der Personen sind es in einer Democratie, wenn Schwätzer, Dummköpfe und Ignoranten ihre Ansicht um jeden Preis durchsetzen wollen und Tumulte in den Versammlungen veranlassen; wenn der Neid verdienstvolle Bürger unterdrückt, wenn man leichtsinnig Gesetze macht und abschafft und wenn man ohne Noth Beschlüsse widerruft, die man gefasst hatte; wenn die Verwaltung der öffentlichen Angelegenheiten nichtswürdigen und unfähigen Leuten anvertraut wird.

Ein Fürst kann nicht ungestraft lasterhaft sein, das Böse, das er dem Staate zufügt, fällt durch einen nothwendigen Rückschlag auf ihn zurück. Wenn ein Fürst auch nur ein wenig Einsicht hat, so muss er sehen, dass sein eigenes Interesse von dem des Staates unzertrennlich ist. Wenn also ein Staat das Unglück gehabt hat, von einem schlechten Fürsten regiert zu werden, so hat man allen Grund zu hoffen, dass sein Nachfolger ihm nicht gleichen wird und gerade die Fehler seines Vorgängers können ihm zur Lehre dienen. Nicht so ist es in einer Aristocratie und in einer Democratie; da dort mehrere Personen an den Geschäften theilnehmen, so kann, wenn das Verderben eine gewisse Zahl ergriffen hat, die Tugend der Uebrigen dem öffentlichen Wohle fast von keinem Nutzen mehr sein, und die Lasterhaften bilden wieder andere Lasterhafte, welche unmerklich an ihre Stelle treten. Weiter finden die Privatleute oft Vortheile für ihr Vermögen darin, dass sie ihr Interesse von dem des Staates trennen, daher kommt es, dass, wenn die Corruption sich einmal in einer Republik eingeschlichen hat, es fast unmöglich ist, sie zu heilen, weil es nie vorkommen kann, dass eine Anzahl tugendhafter Männer auf einmal an die

Stelle einer gleichen Anzahl lasterhafter Männer im Rath oder in andern Theilen der Verwaltung trete. Dagegen kann in der Monarchie ein guter Fürst, welcher auf einen schlechten folgt, die Unordnungen der früheren Verwaltung wieder gut machen und ihnen in der Folge durch bessere Einrichtungen vorbeugen. Dieser Unterschied scheint zu Gunsten der Monarchie zu sprechen.

Die Fehler der Regierung bestehen darin, wenn die Gesetze oder die Gewohnheiten des Staates dem Naturell des Volkes nicht angemessen sind; wenn man z. B., sagt Barbeyrac und nach ihm Burlamaqui, ein Volk, das gar nicht kriegerisch ist, zum Waffenhandwerk drängen wollte; aber ein weiser Fürst muss hier gegen vages und wohldienerisches Geschwätz auf der Huth sein, womit man bisweilen die besten Anordnungen aufhält, indem man sagt, sie seien dem Naturell des Volkes nicht angemessen, wie man Colbert bei seinen Entwürfen zur Gründung der Industrie und des Handels in Frankreich entgegen hielt. Ein berühmter Politiker hat gesagt, wenn ein Fürst keine guten Truppen habe, so sei das seine Schuld. Die moralischen Eigenschaften des Volkes nehmen unmerklich das Gepräge der Gesetze an, welche sie regieren, namentlich wenn sie von den Grundsätzen einer beständigen und gleichförmigen Erziehung unterstützt werden, dann wird die Gewohnheit zur zweiten Natur.*)

Es ist ferner ein Fehler der Regierung, wenn die Gesetze der Eigenschaft und der Lage des Landes nicht entsprechen. Es ist übel gethan, den Handel

---

*) Hier betrachtet der Verfasser die *gesetzgebende Thätigkeit der Regierungen* unter einem wahrhaft erhabenen und — um uns eines modernen Ausdrucks zu bedienen — civilisatorischen Gesichtspunkt. In der That, was für eine schönere Aufgabe könnte die Gesetzgebung haben als die erziehende? Möchten doch unsere modernen Gesetzgeber, welche leider viel mehr Werth auf die Form als auf den Geist der Gesetze legen und da, wo es ihnen aufrichtig um den Geist der Gesetze zu thun ist, in der Regel mehr einen schlechten als einen guten Geist zu fördern bemüht sind, die erziehende Aufgabe der Gesetzgebung mehr ins Auge fassen, möchten sie sich bemühen, solche Gesetze zu geben, durch welche die Völker zur Gerechtigkeit erzogen werden, und nicht solche, durch welche der Sinn für Recht und Gerechtigkeit von Amtswegen in ihnen erstickt wird. *Lex Domini immaculata, intellectum dans parvulis*, sagt der Psalmist. Makellos ist das Gesetz des Herrn und gibt den Kleinen Verstand. Wie aber könnten diese Worte des Psalmisten auf unsere moderne Gesetzgebung Anwendung finden, in welcher nicht selten den grössten Schandthaten die Weihe der gesetzlichen Form verliehen und der Verstand der Kleinen geradezu verwirrt wird? Wollte man die moderne Gesetzgebung mit den zehn Geboten Gottes vergleichen, so würde man kaum eines der zehn Gebote finden, welchem die Gesetzgebung in diesem oder jenem Staate nicht geradezu widerspricht. Was für eine Erziehung des Volkes kann man aber von einer Gesetzgebung erwarten, welche sich mit dem Gesetze Gottes in den flagrantesten Widerspruch setzt? Diese Frage beantwortet sich leicht durch ein Gleichniss. Wenn der Vater den Kindern gerechte Vorschriften gibt und die Mutter die Kinder verleitet, die Vorschriften des Vaters zu verachten, ihnen Hohn zu sprechen, ihnen offen entgegen zu handeln, so kann sich Jeder leicht die Früchte einer solchen Erziehung vorstellen. Betrachten wir die Gebote Gottes als die Gebote

und die Gewerbe in einem Lande nicht zu begünstigen, welches dazu wohl gelegen ist und das Nothwendige erzeugt. Wenn die Gesetze dem Bürger gestatten, entweder Verbrechen im Zorn zu begehen, indem sie einen Mord mit einer Geldbusse von 30 Mark abschätzen, oder nach Aussen den gerechten Hass des Nachbarn auf sich zu laden, indem sie z. B. Seeräubereien erlauben oder dem Fremden keine gute Rechtspflege gewähren; wenn sie die Bürger dahin bringen, dass sie in Streitigkeit leben, oder dass sie ohne Krieg nicht bestehen können, wenn die Verfassung des Staates die Erledigung der Geschäfte zu langsam und zu schwerfällig macht, wie in Polen, wo die Opposition eines einzigen Mitglieds den ganzen Reichstag zu sprengen vermochte.

Man bezeichnet diese Fehler gewöhnlich mit besonderen Namen. Die Corruption der Monarchie heisst Tyrannei; Oligarchie ist der Missbrauch der Aristokratie, und der Missbrauch der Democratie heisst Anarchie. Aber es kommt oft vor, dass diese Worte bei der Anwendung, die man von ihnen macht, weniger einen wahren Fehler oder eine Krankheit im Staate bezeichnen, als eine Privatleidenschaft oder das Privatmissvergnügen derjenigen, welche sie anwenden. Eine Person, welche die Monarchie oder den regierenden Fürsten nicht liebt, wird selbst einen rechtmässigen Souverän als Tyrannen verschreien und die Regierung des besten Fürsten eine despotische nennen, besonders wenn sie die Gesetze strenge handhabt.*)

---

des Vaters und die Gesetze des Staates als die denselben widersprechenden, zum Ungehorsam wider sie auffordernden Verlockungen der Mutter, so haben wir in der Staaten- und Völkerfamilie dieselbe traurige Erscheinung, welche uns in der individuellen Familie entgegen tritt, wenn die schwache, beschränkte, vielleicht gar liederliche und verderbte Mutter den weisen Vorschriften des Vaters bei ihren Kindern durch Ermahnung und Beispiel entgegenwirkt, und ist natürlich der Schaden in der Völkerfamilie in demselben Masse um so greller, je grösser diese im Vergleich zur einzelnen Familie ist. Eine besondere Beherzigung von Seiten aller Staatsmänner und Gesetzgeber verdient der Satz, dessen Wahrheit unbestritten ist, dass die erziehende Seite der gesetzgebenden Thätigkeit aus der Gewohnheit eine zweite Natur macht. Welche Verantwortung für die Gesetzgeber, in deren Hand es liegt, auf Generationen hinaus die ihnen anvertrauten Völker zum Guten oder zum Bösen zu erziehen, den Sinn für Recht und Gerechtigkeit, den sittlichen und religiösen Ernst, den Glauben und die Frömmigkeit auf Generationen hinaus in ihnen zu wecken und zu beleben oder abzustumpfen und zu ertödten. Möchten doch alle, die nicht absichtlich auf die Verderbtheit des Volkes hinarbeiten, diese Verantwortung und die Mittel, ihr zu entgehen, ernstlich erwägen. Anm. des Herausgebers.

*) So hat man die gerechte Strenge Gregors XVI. als Despotismus verschrien, so entblödet man sich nicht von der Priestertyrannei in Rom selbst unter Pius IX. zu sprechen, den man doch persönlich nicht als einen Tyrannen zu bezeichnen wagt, so verleumdet man die Herzoge von Modena und Parma, den Grossherzog von Toscana und den König von Neapel als Tyrannen, und das Angesichts der Gewaltthaten, welche das piemontesische Regiment heute in jenen Ländern ungescheut verübt.

Anm. des Herausgebers.

Es bleibt uns noch übrig von den zusammengesetzten Staaten zu sprechen, welche durch die Vereinigung mehrerer einzelner Staaten gebildet werden. Man kann sie als einen Verein vollkommener, durch ein besonderes Band eng verbundener Staaten definiren, so dass man sie in Bezug auf die Dinge, welche sie gemeinsam angehen, als einen einzigen Körper betrachten kann, obwohl jeder von ihnen seine volle und ungeschmälerte, von der andern unabhängige Souveränetät behält.

Dieser Verein von Staaten bildet sich entweder durch die Vereinigung zweier oder mehrerer verschiedener Staaten unter einem und demselben König, wie z. B. England, Schottland und Irland früher waren, oder wenn mehrere unabhängige Staaten sich conföderiren, um nur einen einzigen Körper zu bilden, wie die vereinigten Staaten von Nordamerika, die schweizerische Eidgenossenschaft.*) Die erste Art der Vereinigung kann aus Anlass einer Heirath, oder kraft einer Erbfolge stattfinden, oder wenn ein Volk einen Fürsten zum König wählt, welcher schon der Souverän eines anderen Königreichs war, so dass die verschiedenen Staaten unter einem und demselben Fürsten vereinigt werden, der jeden für sich nach seinen Grundgesetzen regiert.

In Bezug auf die conföderirten Staaten ist es ein Grundsatz, dass sie sich verpflichten, gewisse Theile der Souveränetät, namentlich jene, welche ihre gegenseitige Vertheidigung gegen äussere Feinde betreffen, im gemeinsamen Einverständniss auszuüben. Aber jeder der Conföderirten behält volle Freiheit, jene Theile der Souveränetät, welche in der Conföderationsacte nicht als gemeinsame erwähnt sind, nach seinem Gutdünken auszuüben.

Ein anderes Grundgesetz besteht darin, dass man bestimmte Zeiten und Orte für die ordentlichen Versammlungen festsetzt und ein Mitglied ernennt, welches die Gewalt hat, die Versammlung zu ausserordentlichen Angelegenheiten, welche keinen Aufschub leiden, zu berufen, oder man kann auch einen anderen Weg einschlagen und eine zweite Versammlung einsetzen, gebildet aus Abgeordneten eines jeden Staates, welche immer beisammen ist und die gemeinschaftlichen Angelegenheiten nach den Aufträgen ihrer Obern erledigt.

Von den verschiedenen Arten, die Souveränetät zu erwerben, namentlich in einer Monarchie.

Jede rechtmässige Regierung lässt sich, um uns allgemein auszudrücken, in letzter Linie auf eine ausdrückliche oder stillschweigende Zustimmung oder Einwilligung des Volkes zurückführen. Da die directe Zustimmung auf verschiedene Arten ertheilt werden kann, nach den Umständen, die sie begleiten, so unterscheidet man verschiedene Arten, die Souveränetät zu erwerben.

Zuweilen wird ein Volk durch die Gewalt der Waffen gezwungen, sich der Herrschaft des Siegers zu unterwerfen; zuweilen überträgt auch ein Volk

---

*) Und von 1815 bis 1866 der deutsche Bund.   Anm. d. Herausg.

aus eigenem Antrieb Jemanden die Souveränsautorität, wie die Medier, als sie den Dejoces zu ihrem König wählten.

Man erwirbt also die Souveränetät hauptsächlich auf zwei Arten, entweder durch die Gewalt der Waffen oder durch die freie Zustimmung der Völker.

Die Eroberung verleiht nur dann ein wahres Recht vor dem Richterstuhl des Gewissens, wenn sie gerecht und rechtmässig ist, das heisst, wenn der Sieger einen gerechten Anlass hatte, gegen ein Volk Krieg zu führen und es durch die Ueberlegenheit seiner Waffen zu der Nothwendigkeit gedrängt hat, sich fortan seiner Herrschaft zu unterwerfen.

Dieses Recht stützt sich auf zwei Gründe, 1. weil die Eroberung, wie Burlamaqui nach Puffendorf sagt, eine natürliche Folge des Sieges ist und weil der Besiegte, der sich dem Sieger ergibt, sein Leben nur mit dem Verluste seiner Freiheit erkauft; 2. weil die Besiegten, die sich lieber in einen ungerechten Krieg eingelassen, als die gerechte Genugthuung geleistet haben, welche sie schuldig waren, so angesehen werden, als hätten sie in die Bedingungen, welche der Sieger ihnen auferlegen würde, vorausgesetzt dass dieselben nichts Ungerechtes und nichts Unmenschliches enthielten, zum voraus eingewilligt.

Der Ausleger Burlamaqui's verwirft den ersten Grund, der sich, wie er sagt, auf einen barbarischen Grundsatz stützt, nämlich: dass der Sieger ein Recht auf das Leben der Besiegten habe; man darf, sagt er, im Kriege nur so viel Uebel zufügen, als nothwendig aus dem Rechte folgt, sich zu vertheidigen, und Ersatz für das Uebel zu verlangen, welches unser Feind uns zugefügt hat. Der Schriftsteller scheint hier das Uebel zu vergessen, welches man zur Bestrafung eines grausamen Verbrechens zu verhängen berechtigt ist. Wie dem auch sei, auch dieser Schriftsteller kommt zu dem Schlusse Burlamaqui's, er beweist ihn nur auf eine andere Art. Ist der Krieg gerecht, sagt er, so ist es auch die Eroberung; der Grund davon ist folgender: Der Krieg ist gerecht, entweder weil der Feind das eroberte Land besass, welches von rechtswegen dem Sieger gehörte; oder weil der Feind sich weigerte, dem ungerechter Weise beleidigten oder verletzten Sieger Genugthuung zu leisten; im ersten Falle ist die Eroberung gerecht, weil der Sieger in seine Rechte zurückkehrt; im zweiten Falle ist sie ebenfalls gerecht, weil der Sieger sie als eine Entschädigung für die Beleidigung oder für die Verletzung behält.

Aber auch dieser letzte Grund scheint einiger Einschränkung zu bedürfen. Sollte es wahr sein, dass in allen Fällen die Entschädigung für eine Verletzung oder die Genugthuung für eine Beleidigung die Eroberung des beleidigenden oder verletzenden Staates durchaus erfordern?

Grotius scheint sich in seiner Abhandlung über das Recht des Krieges und des Friedens l. III. c. XV. §. I. 2. gründlicher und stichhältiger auszusprechen:

In einem gerechten Kriege, sagt er, kann man mit andern Dingen auch das Recht des Souveräns über das besiegte Volk und das Recht, welches das Volk selbst in Bezug auf die Souveränetät hatte, erwerben. Aber die Erwerbung ist nur insoferne rechtmässig, als sie dem Grade der Strafe entspricht, welche das Verbrechen des Besiegten verdient, oder dem Werthe irgend einer andern Schuld, und insoferne es im übrigen die Nothwendigkeit der Vermeidung einer grossen Gefahr erfordert. Dieser letztere Grund trifft meistens mit den beiden anderen zusammen; indessen muss man sowohl bei den Bedingungen eines Friedensvertrages als bei dem Gebrauche, den man von seinem Siege macht, hauptsächlich darauf Rücksicht nehmen. Denn in Bezug auf alle andern Dinge kann man aus Güte und Nachsicht von seinem Rechte nachlassen; aber wenn es sich um eine öffentliche Gefahr handelt, so ist es ein grausames Mitleid, einem besiegten Feinde allzusehr zu vertrauen. Isokrates empfahl dem Philipp von Macedonien die Maxime, die Barbaren so weit zu bändigen als es nothwendig sei um seine Staaten sicher zu stellen.

Bossuet beweist in seiner Politik nach der heil. Schrift Bd. II. Art. II., dass es ein Recht legitimer Eroberung gibt, welches selbst von der h. Schrift bezeugt wird: Eine solche Eroberung war die, deren Rechtmässigkeit Jephte gegen den König der Amoniter vertheidigt. Dieser König forderte die Länder zurück, welche seine Vorfahren einst besessen und welche die Israeliten beim Auszug aus Egypten erobert hatten. Jephte antwortet: die Israeliten haben den Ammoniten nichts genommen, denn die streitigen Länder haben nicht mehr ihnen gehört, als sie dieselben eroberten, sondern die Amorrhiter haben sie besessen, welche von den Israeliten in einem gerechten Kriege besiegt wurden, und er fügt bei, dass die Moabiten und die Ammoniten sich weder damals noch seither seit 300 Jahren über diese Eroberung beklagt haben.*)

Bossuet macht sodann auf zwei Mittel aufmerksam, das Eroberungsrecht unanfechtbar zu machen: das eine besteht darin, dass man einen friedlichen Besitz mit demselben verbindet, wie man an dem Beispiel Jephtes gesehen hat; das andere darin, dass man es durch das Anerbieten eines gütlichen Ausgleichs bekräftigt. So antwortet der weise Simon der Maccabäer, da der König von Asien wegen der Städte Joppe und Gazara Beschwerde gegen ihn erhob: Was diese beiden Städte anbelangt, welche du zurückforderst, so haben sie selbst unter dem Volke und in unserem Lande viel Uebel angerichtet, doch wollen wir dafür 100 Talente geben.**) Obwohl die Eroberung rechtmässig war und die Städte Joppe und Gazara als ungerechte Angreifer eine gute Kriegsbeute waren (um so mehr, da es sich um die Sicherheit des Landes, einen rechtmässigen Erwerbstitel in einem sonst gerechten Kriege nach dem oben angeführten Grundsatze des Grotius handelte), bot Simon doch 100 Talente um den Frieden zu erhalten und sein Recht unanfechtbar zu machen.

---

*) B. d. Richter XI. 12—26.
**) I. Maccabäer XV. 35.

Also fügt Bossuet bei, sieht man, dass dieses Eroberungsrecht, welches mit der Gewalt beginnt, sich durch die Zustimmung der Völker und den friedlichen Besitz sozusagen auf das gemeine und natürliche Recht reducirt; und man nimmt an, dass der Eroberung eine stillschweigende Einwilligung der unterworfenen Völker folge, die man durch eine anständige Behandlung an den Gehorsam gewöhnt habe, oder dass irgend eine Vereinbarung eingetreten sei, ähnlich der oben berichteten zwischen Simon dem Maccabäer und den Königen von Asien. *)

Aber kann eine ungerechte Eroberung und eine durch pure Gewalt erpresste Unterwerfung ein legitimes Recht verleihen? Burlamaqui antwortet: Man müsse unterscheiden ob der Usurpator eine Republik in eine Monarchie

---

*) Es ist gewiss von Interesse, hier nachzuweisen, dass bei der weltlichen Herrschaft des Papstes alle die verschiedenen Arten und alle Rechtstitel der Erwerbung der Souveränetät zusammentreffen. Die rechtmässige Erwerbung einer Souveränetät kann durch Wahl, durch Abtretung oder Schenkung, durch Eroberung oder durch die Nothwendigkeit des öffentlichen Wohls erfolgen. Die Wahl geht vom Volke aus, welches, wenn es frei über sich verfügen kann, einen Fürsten wählen kann, der die Souveränetät ganz oder theilweise, d. h. mit absoluter Gewalt oder unter gewissen Bedingungen und Beschränkungen ausüben kann; wie die Könige bei den alten Germanen und Gothen, wo die Stimme der Krieger und der Volljährigen den Fürsten wählte. Die Abtretung oder Schenkung erfolgt von Seite desjenigen, der als rechtmässiger Besitzer eines Staates einem andern durch authentische Verträge und Uebereinkommen seine Rechte auf ewige Zeiten frei überträgt, wie diess in neuester Zeit bei der Abtretung von Savoyen und Nizza von Seiten des Königs von Sardinien an den Kaiser Napoleon III. und bei der Abtretung der Lombardei und neuestens auch Venedigs von Seiten Oesterreichs geschehen ist. Die Eroberung erlangt den Besitz eines Staates nicht von anderen, sondern nimmt ihn selbst mit Gewalt der Waffen; dieser Besitz kann rechtmässig sein, wenn er aus einem gerechten Kriege entspringt, er ist ungerecht bei einem ungerechten Kriege. Endlich kann die öffentliche Nothwendigkeit einen höchst gerechten Titel der Souveränetät verleihen, wenn die Gesellschaft, nachdem derjenige, der die höchste Gewalt besass, dieselbe verloren oder aufgegeben, in Trümmer gehen würde, wenn nicht Jemand da wäre, der die Sorge für sie und ihre Vertheidigung übernehmen, und indem er alle Lasten der Regierung für das öffentliche Wohl sich aufbürdet, auf diese Weise verdienen würde, dann auch alle ihre Rechte zu erwerben.

Alle diese Titel wirkten nun bei der Herstellung der Souveränetät der Päpste auf eine wunderbare Weise zusammen. Es hatte die Wahl statt, denn die Völker riefen, nachdem sie in der bürgerlichen und in der religiösen Ordnung von den byzantinischen Kaisern endlose Unterdrückungen und Tyranneien erduldet hatten und von diesen endlich ohne alle Vertheidigung und Regierung gelassen, frei geworden waren, die Päpste an und legten in ihre Hand sozusagen die Dictatur zur Rettung des Gemeinwesens, da diese sie am wirksamsten bewerkstelligen konnten. Es fand eine Eroberung, eine Abtretung und authentische Schenkung statt; denn Pipin, welchen die Päpste Italien gegen die Longobarden zu Hilfe riefen, überwand diese in dem gerechtesten Kriege und trat die ihnen abgenommenen und mit dem Rechte des Siegers eroberten Provinzen mit feierlichen Verträgen und Eiden den Päpsten zur ewigen Herrschaft ab und schenkte sie ihnen.

verwandelt, oder ob er den rechtmässigen Monarchen entthront habe; im letzteren Falle ist er unausweichlich verpflichtet die Krone dem, dem er sie geraubt hat, oder seinen Erben zurückzugeben, so lange man nicht vernünftiger Weise annehmen kann, dass sie auf ihre Ansprüche verzichtet haben, was man annimmt, wenn eine geraume Zeit verflossen ist, ohne dass sie einen Versuch zur Wiedererlangung der Krone machen konnten oder wollten.

Diese Entscheidung scheint der Billigkeit angemessen. Denn einerseits beraubt der Usurpator, welcher einem legitimen König die Krone nimmt, denselben gegen alle Gerechtigkeit eines wahren Rechtes. Die Gerechtigkeit verlangt also, dass er das Unrecht, welches er verübt, wieder gut mache, und dass er folglich die Krone dem zurückgebe, der ein legitimes Recht hat, sie zu tragen.

Anderseits kann es geschehen, dass eine Eroberung, die in ihrem Ursprung ungerecht war, mit der Zeit legitim wird, sei es durch die Zustimmung

---

Bei den besiegten Longobarden war der Krieg ein ungerechter, weil sie es, wie oben bemerkt wird, lieber auf denselben ankommen liessen, als dass sie durch die Herausgabe der ihnen nicht gehörigen, im ungerechten Kriege von ihnen eroberten italienischen Städte und Gebietstheile die schuldige Genugthuung geleistet hätten. Nach dem damaligen Kriegsrechte wurde der Sieger als Herr über das Land und sogar über das Leben der Besiegten betrachtet. Auf die Fürbitte des Papstes Stephan II. schenkte Pipin dem Longobarden-König Aistulf, als er nach der Niederlage bei Susa um Frieden bat und vollkommene Gutmachung alles der römischen Kirche und dem apostolischen Stuhl zugefügten Unrechtes gelobte, Reich und Leben. So milderte und überwand die christliche Barmherzigkeit Pipins und der Einfluss des Papstes die Härten des damaligen Kriegsrechts, während die rationalistische Wissenschaft, wie wir oben gesehen haben, tausend Jahre später fast wieder zu der heidnischen Anschauung von dem Rechte des Siegers zurückkehrt. Pipin begnügt sich auch ganz entsprechend den oben entwickelten Grundsätzen mit der Genugthuung, welche der Besiegte für das von ihm verübte Unrecht zu leisten verspricht, und verzichtet auf die Eroberung des Longobarden-Reichs. Auch der Rath, welchen Bossuet ertheilt, die Eroberung durch das Anerbieten einer freundschaftlichen Beilegung zu bekräftigen, wurde von Pipin dem Longobarden-König Aistulf gegenüber nicht ausser Acht gelassen. Pipin ging sogar noch weiter. Er bot Aistulf für die Herausgabe der von ihm unrechtmässiger Weise besessenen Städte die für jene Zeit bedeutende Summe von 12.000 Soldi an. Die Verweigerung dieses gütlichen Ausgleiches von Seite des Longobarden-Königs erhöhte begreiflicher Weise die Gerechtigkeit des Krieges, welchen Pipin jetzt gegen ihn führen musste.

Es griff endlich das oberste Gesetz der öffentlichen Noth Platz; denn bei der gänzlichen Preisgebung Roms und des römischen Italiens durch die byzantinischen Kaiser, während es mehr als je von den Longobarden bedroht, angegriffen und unterdrückt war, wäre es unfehlbar eine Beute der Barbaren geworden, und in das äusserste gesellschaftliche Unglück gestürzt, welches einem freien Volke begegnen kann, nämlich in den Verlust seiner Existenz und in seinen gesellschaftlichen Tod, wenn die Päpste es nicht gestützt und vertheidigt, und da sie allein im Stande waren, es zu retten, auch grossmüthig diese Aufgabe übernommen hätten, wesshalb sie dann auch, da sie sich einerseits alle Lasten und Pflichten der Souveränetät aufbürdeten, anderseits den würdigsten Titel erwarben, nach dem Wunsch der Völker mit allen ihren Rechten bekleidet zu werden.

der Völker, sei es durch den ausdrücklichen oder stillschweigenden Verzicht der dabei Betheiligten. Das Völkerrecht, sagt Burlamaqui, lässt in Bezug auf die Souveränetät eine Art von Verjährung zwischen den Königen und den freien Völkern zu. Das verlangt das Interesse und die Ruhe der Gesellschaft; ein anhaltender und friedlicher Besitz der Souveränetät muss dieselbe mit der Zeit gegen jeden Angriff sicherstellen, sonst hätten die Streitigkeiten über die Königreiche und ihre Grenzen nie ein Ende, was eine Quelle beständiger Kriege wäre.

In Bezug auf den ersten Fall, sagt Burlamaqui, wo der Usurpator eine Republik in eine Monarchie verwandelt hat, genügt es, wenn er mit Mässigung und mit Billigkeit regiert, dass er eine Zeit lang ruhig regiert habe, um der Annahme Raum zu geben, das Volk willige in seine Herrschaft ein, und um das Fehlerhafte in der Art der Erwerbung zu verwischen. Das kann man sehr gut auf die Herrschaft des Augustus anwenden.*)

„Wer sollte," sagt P. Brunengo in seinem Werke: *Le origini della potestà temporale dei Papi*, „bei diesem wunderbaren Zusammenwirken so auseinandergehender, ja fast einander widersprechender, und doch zusammenwirkender Ursachen, wie es in der Geschichte ohne Beispiel dasteht, nicht den Finger Gottes erkennen, der so der Königskrone, die er seinen Statthaltern auf Erden aufsetzte, das Merkmal der Gerechtigkeit mit so leuchtenden Kennzeichen aufdrücken wollte, dass keine andere Krone auf Erden sich ähnlicher Kennzeichen rühmen, kein Auge auf der Welt ihren blendenden Glanz verkennen konnte? Und Gott allein konnte das kunstreiche Gewebe der Ereignisse so ordnen und leiten, dass, als die ihm vorher bestimmte Zeit gekommen war, Alles zusammenwirkte, und alle obwohl zerfahrenen und zwieträchtigen Elemente der damaligen Gesellschaft zu demselben Zwecke zusammen arbeiteten, so dass Aistulf und die Longobarden durch ihre Gewaltthaten, der byzantinische Kaiser durch seine Indolenz, Pipin und die Franken durch ihre edelmüthige Hingebung, Rom und die Provinzen durch ihre Bitten, Völker und Fürsten, Freunde und Feinde, Morgenland und Abendland, Alle zusammenwirkten, um die souveränen Päpste zu schaffen und auf die glänzendste Weise im Angesichte der ganzen gegenwärtigen und zukünftigen Welt die geheiligte Legitimität dieser Krone zu beglaubigen, welche die Päpste nach vergeblichem Widerstreben durch die unwiderstehliche Gewalt der Umstände anzunehmen sich genöthigt sahen."

*) Diese Grundsätze, welche berühmte Völkerrechtslehrer über das Recht der Eroberung aufgestellt haben, gelten, da sie im Recht und in der Billigkeit begründet sind, auch noch in unseren Tagen im Zeitalter der Annexionen, denn die Gesetze der Gerechtigkeit sind ewige Gesetze, die Gewalt vermag sie mit Füssen zu treten, aber sie vermag nicht Unrecht in Recht zu verwandeln, und wenn sie triumphirend ausruft: „Die vom Glücke begleitete Ungerechtigkeit der That bringt der Heiligkeit des Rechtes keinen Schaden, das Recht besteht in der materiellen Thatsache, alle Pflichten der Menschen sind ein leerer Name und alle menschlichen Thaten haben Rechtskraft, sowohl der Bruch jedes noch so heiligen Eides, als auch jede verbrecherische und schändliche, dem ewigen Gesetze zuwider laufende Handlung sind nicht nur nicht zu missbilligen, sondern auch gänzlich erlaubt und mit grösstem Lobe zu erheben, wenn das aus Liebe zum Vaterlande geschieht" (Prop. 61, 59, 64 des Syllabus), so antwortet darauf der h. Stuhl, der höchste Wächter der Wahrheit und der Gerechtigkeit:

Von der Erwerbung der Souveränetät im Wege der Zustimmung.

Diese Erwerbung erfolgt auf zweierlei Art; entweder durch Wahl oder durch Nachfolge.

Die Wahl ist der Act, durch welchen das Volk Den ernennt, von dem es regiert sein will, so dass diese Person, sobald sie ihre Ernennung angenommen hat, die Souveränetät erwirbt.

Man unterscheidet zweierlei Arten von Wahl; eine ganz freie und eine in gewisser Beziehung beschränkte. Die erste findet statt, wenn man wählen kann, wen man für angemessen hält; die andere, wenn man darauf beschränkt ist, in einer gewissen Ordnung zu wählen.

Die Zeit, welche zwischen dem Tode des Königs und der Wahl seines Nachfolgers verstreicht, nennt man Interregnum. Während des Interregnums ist der Staat ein unvollkommener Körper, welchem das Haupt fehlt; aber die bürgerliche Gesellschaft ist darum nicht vernichtet. Die Souveränetät kehrt als-

---

„Wir verwerfen, verbieten und verdammen kraft Unserer apostolischen Autorität alle und jede dieser schlechten Meinungen und Lehren und wir wollen und befehlen, dass dieselben von allen Kindern der katholischen Kirche für verworfen, verboten und verdammt gehalten werden."

Es lohnt sich gewiss der Mühe, die Anwendung der oben entwickelten Grundsätze über das Eroberungsrecht auf die modernen Annexionen zu machen, die wir in den Jahren 1859—1866 in Italien und Deutschland unter unsern Augen sich vollziehen sahen.

Die Eroberung gibt vor dem Richterstuhle des Gewissens nur dann ein wahres Recht, wenn sie gerecht und legitim ist, d. h. wenn der Sieger einen gerechten Anlass hatte, ein Volk zu bekriegen. So lautet der erste Grundsatz: Nun hat in Italien Victor Emanuel das Eroberungsrecht oder nicht einmal ein Schein-Eroberungsrecht auf die Länder des Papstes, des Königs von Neapel, des Grossherzogs von Toscana und der Herzoge von Parma und Modena, in Deutschland aber der König von Preussen auf das Königreich Hannover, auf das Churfürstenthum Hessen, auf einige kleinere Staaten und auf die freien Städte geltend gemacht. Wo sind aber die gerechten Gründe der Kriege, als deren Folgen diese Eroberungen betrachtet werden wollen? Der Krieg ist gerecht, lautet ein anderer der oben angeführten Grundsätze, entweder wenn das eroberte Land früher von Rechtswegen dem Sieger gehörte, oder wenn der Feind sich weigerte, dem ungerechter Weise beleidigten oder verletzten Sieger Genuthuung zu leisten. Nun fragen wir: Haben die Staaten des Papstes, hat das Königreich Neapel und das Grossherzogthum Toscana, haben die Herzogthümer Parma und Modena, um von dem lombardisch-venezianischen Königreich, welches Piemont auf den Umweg über Frankreich erlangt hat, gar nicht zu reden, jemals dem König Victor Emanuel, oder hat das Königreich Hannover, das Churfürstenthum Hessen, haben die andern annexirten Staaten Deutschlands je dem König Wilhelm rechtmässig angehört? Ferner fragen wir: Wo ist die Beleidigung, wo die Rechtsverletzung, welche die erwähnten italienischen Staaten und Fürsten dem König Victor Emanuel, die annexirten deutschen Staaten oder ihre Fürsten dem König Wilhelm gegenüber sich vorzuwerfen hätten? Die italienischen Fürsten standen zu Victor Emanuel in dem Verhältnisse

dann zum Volke zurück, welches sie, bis es einen neuen König gewählt hat, ausüben kann, wie sie es für gut hält. Es steht sogar in seiner Gewalt die Regierungsform zu ändern. Aber es ist eine sehr weise Vorsicht, um den Wirren eines Interregnums vorzubeugen, zum voraus diejenigen zu bestimmen, welche während dieser Zeit die Zügel der Regierung in die Hand nehmen sollen. So war es in dem ehemaligen Königreiche Polen der Erzbischof von Gnesen mit den Abgeordneten von Gross- und Klein-Polen, welche dazu berufen waren.

Man nennt diejenigen, welche mit diesem Amte bekleidet sind, Regenten des Königreichs; die Römer nannten sie *Interreges*. Es sind das ausserordentliche Beamte auf Zeit und sozusagen provisorisch, die im Namen und Kraft der Autorität des Volkes bis zur Wahl die Acte der Souveränetät ausüben, so dass sie verpflichtet sind, über ihre Verwaltung Rechenschaft abzulegen.

Die Bestimmungen über die Wahl und über das Interregnum sind Grundgesetze dieser Art von Verfassung.

---

unabhängiger Souveräne, welche die Rechte des Königs von Sardinien in keiner Weise kränkten; die entthronten deutschen Fürsten waren wie der König von Preussen Mitglieder desselben deutschen Bundes, und ihr einziges Verbrechen bestand darin, dass sie ihre Pflichten als Bundesfürsten treu erfüllten, während der König von Preussen die seinigen mit Füssen trat; die annexirten deutschen Fürsten hielten fest am Bundesrecht, gegen welches der König von Preussen sich offen empörte. Der Krieg war also auf ihrer Seite ein gerechter, wenn auch die Macht auf der Seite Preussens war. Der König von Preussen hat sich allerdings bei seinen Annexionen auf das Gebot der Nothwendigkeit für das Wohl Preussens berufen und es ist dem Grundsatze der öffentlichen Wohlfahrt unter den oben entwickelten Grundsätzen des Eroberungsrechts, wie wir gesehen haben, eine hervorragende Bedeutung eingeräumt; aber man darf nicht vergessen, dass die Anwendung dieses Grundsatzes immer die Gerechtigkeit der Eroberung und des Krieges, deren Folge dieselbe ist, zur nothwendigen Voraussetzung hat. Das geht so weit, dass sogar der Grundsatz aufgestellt wird: Jeder, der einem rechtmässigen Monarchen seine Krone geraubt, sei verpflichtet, dieselbe ihm oder seinen Erben zurückzustellen, so lange nicht vernünftiger Weise von ihren berechtigten Eigenthümern ein Verzicht auf sie anzunehmen oder eine Verjährung eingetreten sei. Wer aber, der die Geschichte unserer Tage und die allgemeinen Rechtsgrundsätze in Bezug auf die Verjährungsfristen kennt, möchte zu behaupten wagen, dass den Annexionen in Italien und Deutschland gegenüber die beiden eben erwähnten Bedingungen heute bereits erfüllt seien, oder dass die erzwungene oder freiwillige Anerkennung der europäischen Staaten die mangelnden Rechtstitel des gegenwärtigen Besitzstandes des Königreichs Italien und der preussischen Monarchie zu ersetzen vermögen? So wie die Dinge heute stehen und allem Anscheine nach noch geraume Zeit stehen werden, gelten sowohl für das Königreich Italien, als für Preussen fortwährend die Gegensätze der 59., 61. und 64. Proposition des Syllabus: „Das Recht besteht nicht in der materiellen Thatsache, auch sind nicht alle Pflichten der Menschen ein leerer Name, noch haben alle menschlichen Thaten Rechtskraft. Auch die vom Glücke begleitete Ungerechtigkeit der That bringt der Heiligkeit des Rechtes Schaden. Sowohl der Bruch jedes noch so heiligen Eides, als auch jede verbrecherische und schändliche, dem ewigen Gesetze zuwiderlaufende Handlung sind nicht nur nicht zu

Von der Erbfolge.

Die andere Art, die Souveränetät zu erwerben, ist das Recht der Nachfolge, durch welches die Fürsten, die einmal die Krone erworben haben, dieselbe ihrem Nachfolger hinterlassen.

Es scheint zunächst, als verdienten die Wahl-Königreiche den Vorzug vor den erblichen, sofern man in den ersteren immer einen verdienstvollen und fähigen Fürsten wählen kann, im Grunde genommen zeigt indess die Erfahrung, dass die erblichen Königreiche zum Besten des Staates sind.*) 1. Man vermeidet dadurch grosse Unzukömmlichkeiten, welche aus den häufigen Wahlen nach Innen und nach Aussen entstehen. 2. Es gibt weniger Streitigkeiten und Ungewissheit in Bezug auf diejenigen, welche nachfolgen sollen. 3. Ein Fürst, dessen Krone erblich ist, wird, wenn im übrigen alles gleich ist, sich mehr um sein Königreich kümmern und seine Unterthanen mehr schonen, in der Hoffnung die Krone seinen Kindern zu hinterlassen, als wenn er sie nur für seine Person besässe. 4. Ein Königreich, wo die Nachfolge geregelt ist, hat mehr Bestand und Kraft, es kann grössere Pläne entwerfen und die Ausführung derselben sicherer verfolgen, als wenn es ein Wahlreich wäre. 5. Endlich ist die Person des Königs den Völkern ehrwürdiger durch den Glanz seiner Geburt und sie haben allen Grund zu erwarten, dass er die gehörigen Eigenschaften für den Thron besitzen werde, sei es durch den Eindruck des guten Beispiels, sei es durch die Erziehung, die er empfangen hat.

Man kann beifügen, dass das Interregnum ein unvermeidliches Uebel der Wahl und unangenehmer als die Minderjährigkeit ist. Es ist, sagt ein Schriftsteller, die Zeit der Intriguen und der Verbrechen. Man sah da das Volk selbst die Gefängnisse erbrechen und die Verbrecher befreien. Eine Thronbesteigung durch Wahl ist eine Zeit der Gnade und der Amnestie. Ein neuer König will das Herz seiner Unterthanen durch den Ruf seiner Gnade gewinnen. Diese Hoffnung auf Straflosigkeit verleitet zu mancherlei Unordnungen.

Welche Vorsicht man auch anwenden möge, es ist sehr schwer zu vermeiden, dass die Corruption sich nicht der Wahlen bemeistere; dann aber darf man nicht mehr auf die Vortheile der Wahl rechnen.

Wenn die Stimmen erkauft sind, hat man weniger Sicherheit für die guten Eigenschaften des gewählten Fürsten als des geborenen, und ferner hat

---

billigen, sondern auch gänzlich nicht erlaubt, noch mit grösstem Lobe zu erheben, wenn das aus Liebe zum Vaterlande geschieht."

Anmerkung des Herausgebers.

*) Der heil. Thomas von Aquino (*1. 2. qu. 105. art. 1*) und der Cardinal Bellarmin (*Controvers. Tom. I. De summo pontifice lib. I. cap. 1—4.*) erklären im Geiste ihrer Zeit die Wahlmonarchie für die beste Regierungsform. Weniger unbedingt drücken sich Suarez (*de legibus III. 4*) und Taparelli (Naturrecht I. §. 551 ff.) aus.

man die Gewissheit, einen König, der Bestechung übt, sich als Herrn gewählt zu haben. Eine ganze Nation kann nur durch Vertreter wählen, die Stimmen werden also käuflich sein. Wenn es nicht die Käuflichkeit ist, die entscheidet, so sind es sehr oft die Parteien. Auch die benachbarten Mächte mischen sich bisweilen in die Wahl und üben durch ihre Armeen einen Druck auf sie aus. Das Alles scheint zu beweisen, dass die Erbfolge den Vorzug vor der Wahl verdient. *)

---

*) Dahlmann in seiner Politik §. 137 entscheidet sich ebenfalls für die erbliche Monarchie. „Die Mehrzahl des Volkes", sagt er, „bedarf zu allen Zeiten dieser verständigsten und gemüthvollsten aller Regierungsweisen, und unzählige Male hat sich an die alte Treue für ein angestammtes Haus die Erhaltung des ganzen Staates geknüpft. Die gebildete Minderzahl bedarf aber ihrer vielleicht noch mehr als einer unübersteiglichen Schranke für den Ehrgeiz, diese Wucherpflanze der Bildung. Wer in diesem unter der Last so manchen unabwendbaren Wechsels fast erliegenden Welttheile, noch die Monarchie entwurzeln möchte, der vergisst, dass zwar oftmals aus der Ordnung die Freiheit, niemals aber aus der Freiheit die Ordnung hervorgegangen ist." Sehr gut stellt derselbe Verfasser die Gründe zusammen, welche für die Erbfolge streiten. (Dahlmann's Politik §. 101—103.) Ferdinand Walter, der berühmte Kirchenrechtslehrer und Professor in Bonn, sagt in seinem Werke „Naturrecht und Politik" (§. 276—278): „Durch die Erblichkeit wird die königliche Würde als an etwas dauerndem, an der Dynastie haftend dargestellt. Es wird dadurch am bestimmtesten der Gedanke ausgedrückt, dass der König es von sich selbst durch eine Thatsache der Natur, nicht der Menschen, ist. Er wächst dadurch von selbst in die Gemüther und Hoffnungen der Unterthanen hinein. Nur durch die Erblichkeit wird jenes eigenthümliche starke Band möglich, welches den Fürsten und sein Volk im Glück und Unglück mit einander verbindet. Dieses spricht sich auch so sehr im Gefühl der Völker aus, dass man selbst in Wahlmonarchien vorzugsweise an der Dynastie festgehalten hat. Die religiöse Auffassung fügt noch den Glauben hinzu, der in einer Dynastie eine besondere Fügung Gottes verehrt und auf einen daran hängenden besonderen Segen vertraut. Jedenfalls beweist die allgemeine Durchbildung des Princips der Erblichkeit, dass in der menschlichen Natur ein Zug liegt, der darauf unwiderstehlich hinführt..... Wahlen erregen die mächtigsten Leidenschaften, Bewegungen und Parteiränke, wogegen die feinsten Vorsichtsmassregeln unzureichend werden; sie hinterlassen die Bitterkeit getäuschter Hoffnungen, Neid und eine geheime innere Spaltung, die allzuleicht in Bürgerkriege ausbricht. Der geborne König dagegen hat, frei von Nebenbuhlern und Mitbewerbern, weder Hass noch Neid, und das Land die Schrecknisse innerer Kriege nicht zu fürchten. Ferner wird der Wahlkönig, als Mensch zwischen seine Würde und die Zukunft seiner Familie gestellt, in die schwersten Versuchungen gebracht, während für den geborenen König die Wohlfahrt des Landes mit der Wohlfahrt des Hauses aufs Innigste verbunden ist. .... Jedenfalls hat die Wahl den Nachtheil, dass sie einen Privatmann und mit ihm seine Familie unvorbereitet zu einer ganz neuen Stellung erhöht, während der geborne Thronfolger dazu erzogen wird.

Diese Eindrücke der Erziehung, die bildende Kraft seiner Sitten, das Vorbild glorreicher Ahnherren und Erinnerungen, die Achtung vor den Traditionen des Hauses erhalten in ihm das Gefühl seines hohen Berufes lebendig und lassen die Unterthanen das Zufällige vergessen, welches ihnen der Herrscher zugeführt hat."

Die Erbfolgeordnung wird entweder durch den Willen des letzten Königs oder durch die Grundgesetze des Staates geregelt.

Die erste findet in einem wahrhaft patrimonialen Königreich statt, nach Grotius, Pufendorf, Burlamaquias u. s. w.

Man hat viel über die Existenz und sogar über die Möglichkeit patrimonialer Königreiche gesprochen. Ich werde nichts über ihre Existenz sagen. Was die Möglichkeit betrifft, so könnte man, wie mir scheint, die Verwaltung des Königreichs von dem Titel des Amtes, wenn wir so sagen dürfen, unterscheiden, welcher das Recht gibt zu herrschen mit den Ehren, Vorzügen, Emolumenten, die damit verbunden sind. Ein Königreich kann nie in Bezug auf die Verwaltung patrimonial sein. Die Verwaltung eines Patrimoniums findet ganz zum Nutzen desjenigen statt, der dasselbe besitzt, und die Nachlässigkeit in seiner Verwaltung ist nicht an sich eine Ungerechtigkeit. Die Verwaltung eines Königreichs könnte nicht dieselbe sein wie die Verwaltung eines Patrimoniums. Aber was den Titel betrifft, welcher das Recht auf das Königthum verleiht, scheint kein grosser Widerspruch in der Annahme zu liegen, dass in gewissen Fällen das Königthum mit dem Rechte es zu veräussern übertragen oder erworben wurde, so dass in dieser Beziehung das Königthum als ein patrimoniales angesehen werden kann.

In Bezug auf die nicht patrimonialen Königreiche ist die Erbfolgeordnung ein Grundgesetz des Staates, eines der Gesetze, welche die Nation sich auferlegt, oder die sie empfangen hat und die meistens durch eine beständige Uebung geheiligt sind, welche die Zustimmung des Volkes ausdrückt. In diesem Falle ist die Nachfolge einer Familie auf ewige Zeiten übertragen.

Diese Nachfolge ist zweifacher Art: Die Erbfolge, welche so ziemlich den Regeln des gemeinen Erbrechtes folgt, und die lineale Succession, welche besondere Modificationen erleidet.

Das Staatswohl erheischt, dass die Erbfolge in mehreren Dingen von der Nachfolge unter Privatleuten abweiche:

1. Das Königreich muss untheilbar bleiben und darf nicht unter mehrere Erben desselben Grades getheilt werden, denn 1. würde das den Staat bedeutend schwächen, 2. wären die Unterthanen, wenn sie verschiedene Herren hätten, nicht mehr so einig unter sich, 3. könnte das zu inneren Kriegen Anlass geben, wie die Erfahrung nur zu sehr bewiesen hat. *)

„Die erbliche Ordnung," sagt Dahlmann (Politik Nr. 103), „lässt heilsame Familiengrundsätze hoffen und eine gewissenhafte Beobachtung der Staatsverfassung auch von Seite des schlechten Fürsten, denn er würde als Despot nicht die Satzungen fremder Könige, sondern die seiner Ahnherrn übertreten.

*) Die Bedeutung und Macht eines Reiches hängt physisch von der Grösse des Gebietes und der Bevölkerung, moralisch von dem Gefühl des Volkes, als innere, durch gemeinschaftliche Schicksale und Aufgaben verbundenen Einheit, also von dem

2. Die Krone muss in der Nachkommenschaft des ersten Königs bleiben.

3. Man darf nur die aus einer gesetzmässigen Ehe gebornen Kinder zulassen, das schliesst die natürlichen Kinder aus.

4. Unter den Anverwandten desselben Grades haben die männlichen den Vorzug vor den weiblichen.

5. Unter den männlichen und den weiblichen Nachkommen desselben Verwandtschaftsgrades entscheidet das Alter über den Vorzug.

6. Endlich erhält der Nachfolger die Krone durch das Gesetz und nicht durch den einfachen Willen des Verstorbenen; woraus folgt, dass die Erbschaft des Privatvermögens des Königs und die der Krone verschiedener Natur sind.

Diese von Pufendorf detaillirten und jetzt allgemein im Staatsrecht angenommenen Regeln entsprechen in der That dem Wohle des Staates sehr gut; aber es gibt Staaten, wo die Grundgesetze in einigen Punkten von denselben abweichen. Hier lässt sich nichts weiter sagen, als dass man im Zweifel für die Regel stehen muss, welche die öffentliche Ruhe am meisten begünstigt.

Da bei dieser Art der Erbfolge, welche den nächsten Verwandten des Königs zur Krone ruft, Streitigkeiten über den Verwandtschaftsgrad entstehen können, wenn die noch übrigen Nachkommen von dem gemeinsamen Stamme etwas entfernt sind, hat man bei mehreren Völkern die Linealerbfolge von einer Linie zur andern eingeführt, deren allgemeine Regeln folgende sind, wobei man selbstverständlich immer die Modificationen berücksichtigen muss, welche die Grundgesetze eines jeden Staates etwa vornehmen können.

1. Alle diejenigen, welche vom ersten Könige abstammen, werden als eben so viele Linien oder Zweige betrachtet, von welchem jede je nach der Stufe ihres Verwandtschaftsgrades ein Recht auf die Krone hat.

2. Auch denjenigen, die in einer Linie in demselben Grade stehen, verleiht zunächst das Geschlecht und dann das Alter den Vorzug.

3. Man geht nicht von einer Linie auf die andere über, so lange die frühere noch vorhanden ist, selbst wenn es in der andern Linie nähere Verwandte des letzten Königs gäbe. Das bildet das Repräsentationsrecht.

4. Jeder hat das Recht, in seinem Rang zu succediren und überliefert dieses Recht seinen Descendenten mit derselben Ordnung der Succession, auch wenn er selbst nie regiert hat.

5. Wenn der letzte König ohne Kinder gestorben ist, nimmt man die dem Verstorbenen am nächsten verwandte Linie und so fort.

Es gibt zweierlei Arten der Lineal-Erbfolge, die cognatische und die agnatische. Die erste ist jene, welche die Frauen nicht ausschliest, aber sie

---

Nationalbewusstsein ab. Beiden stehen willkührliche Veräusserungen des Staatsgebietes unmittelbar entgegen; sie sind Frevel gegen die eigene Existenz, welche nur durch die unwiderstehliche Macht der Thatsachen zu rechtfertigen sind. Dieselben Gründe gelten auch gegen die Theilungen durch Vererbung..... Jetzt ist die Untheilbarkeit der Reiche zu einem politischen Axiom geworden. Walter, Naturrecht u. Politik §. 283.

erst nach den männlichen Nachkommen in derselben Linie beruft. Nach der Ordnung dieser Erbfolge, welche man die castilianische nennt, hat die Tochter des Sohnes des letzten Königs den Vorzug vor dem Sohne der Tochter, und die Tochter eines Bruders vor dem Sohne einer Schwester.

Die agnatische Lineal-Erbfolge ist jene, wo die männlichen Nachkommen allein das Successionsrecht haben. Man nennt sie auch die französische.

Was die Streitigkeiten betrifft, welche über die Succession entstehen können, so sagt Pufendorf mit wenigen Worten, in einem Patrimonial-Königreich sei es das Beste, die Entscheidung des Streits dem Schiedsrichter der königlichen Familie zu überlassen. Aber wenn die Succession ursprünglich durch den Willen des Volkes eingeführt wurde, steht die Entscheidung dem Volke zu.

Allerdings wurden derartige Streitigkeiten bisweilen durch die Versammlungen der Generalstaaten entschieden; sie wurden es auch entweder durch Testamente oder durch Acte unter Lebenden oder durch Verträge unter den Betheiligten. *) In derartigen Dingen vertreten die Gewohnheit und das Beispiel bisweilen die Stelle von Gesetzen, und allerdings verlangen die Menschen, allgemein gesprochen, dass man thue, was man sonst gethan hat, so dass der Usus oft als das sicherste Anzeichen des Willens einer Nation betrachtet werden kann.

Von den verschiedenen Arten, die Souveränetät zu verlieren.

Sie wird verloren 1) durch den feierlichen Verzicht oder die feierliche Abdankung desjenigen, welcher die Krone trägt; wobei in Bezug auf eine Person, welche abdankt, keine Schwierigkeit stattfinden kann.

Aber man fragt 2) ob der Fürst nicht nur für sich, sondern auch für seine Kinder auf die Krone verzichten kann.

Zunächst unterscheidet man zwischen bereits geborenen oder empfangenen Kindern und zukünftigen Kindern, welche noch gar nicht existiren.

Was die schon geborenen Kinder betrifft, so entscheidet Grotius, dass sie kraft des Successionsgesetzes ein vollkommenes und unwiderrufliches Recht auf die Krone erworben haben, dessen man sie rechtmässiger Weise nicht berauben könne. Auch Burlamaqui bestätigt das und dasselbe gilt für die bereits empfangenen Kinder nach den in der natürlichen Billigkeit begründeten Grundsätzen des römischen Rechts.

Was die Kinder betrifft, welche erst geboren werden sollen, so sagt Grotius, der Vater könne sie nicht hindern, seiner Zeit ein Recht zu erwerben, welches ihnen blos in Folge einer Verleihung des Volkes zukomme. Nichtsdestoweniger fügt er bei, sei zwischen den bereits gebornen Kindern und denen,

---

*) Dagegen sagt Walter, Naturrecht und Politik, §. 283: Eine Vererbung durch Testament ist ebenso unzulässig, als eine Uebertragung unter Lebenden.

die erst geboren werden sollen, der Unterschied, dass die letzteren, da sie noch nicht existiren, auch noch kein Recht erworben haben, dass es ihnen also durch den Willen des Volkes genommen werden kann, wenn gleichzeitig die Väter, sofern sie ein Interesse daran haben, dieses Recht auf ihre Kinder übergehen zu lassen, darauf verzichten. Burlamaqui entwickelt den Gedanken des Grotius ausführlicher. Der blosse Wille eines Fürsten, sagt er, könnte die Kinder nicht von der Krone ausschliessen, zu welcher das Volk sie berufen hat; eben so könnte auch der blosse Wille des Volkes ohne die Zustimmung des Fürsten die Kinder nicht einer Hoffnung berauben, welche der Vater zu ihren Gunsten stipulirt hatte. Aber wenn diese beiden Willen sich vereinigen, können sie ändern, was sie festgesetzt haben. Allerdings dürfen solche Verzichte nicht ohne Ursache und aus einem Beweggrunde des Leichtsinns und der Unbeständigkeit erfolgen. Unter diesen Umständen könnte die Vernunft sie nicht gut heissen, und das Recht des Staates erlaubt nicht, dass man die Successions-Ordnung ohne Noth angreife. Der Verfasser fügt noch bei, das gemeinsame Wohl der Nationen verlange, dass Verzichte, welche unter Umständen erfolgt sind, wo das öffentliche Wohl sie erheischt, rechtskräftig seien und dass die betheiligten Parteien sie nicht zu annulliren trachten. Denn es gibt Zeiten und Verhältnisse, wo sie nothwendig sind, und wenn die, mit denen man verhandelt, glauben würden, man werde sich später um den Verzicht nicht kümmern, würden sie sich nicht damit begnügen; und man sieht wohl, dass daraus nur blutige und grausame Kriege entstehen müssten.

Wenn man so betrachtet, was das allgemeine Interesse in Verbindung mit den selbst vom römischen Rechte gutgeheissenen Grundsätzen der Billigkeit verlangt, scheint es, dass die Verzichte, welche die Kraft oder die Form einer Transaction haben, auch ihre Stabilität haben müssten.

Von den Pflichten der Unterthanen im Allgemeinen.

Die Pflichten der Unterthanen sind zweifacher Art; die einen sind Allen gemeinsam; die andern sind besondere Pflichten derjenigen, welche ein Amt im Staate haben.

Die gemeinsamen Pflichten betreffen entweder die Leiter des Staates, oder den gesellschaftlichen Körper oder die Privatpersonen.

Jeder Unterthan ist seinem Souverän Achtung, Treue und Gehorsam schuldig; daraus folgt, sagt Burlamaqui nach Pufendorf, dass man mit der bestehenden Regierung zufrieden sein muss, und weder Complotte noch Aufstände anzetteln darf, sondern an die Interessen seines Fürsten mehr als an die eines andern anhänglich sein, ihm die höchste Ehre erweisen, von ihm und seinen Handlungen günstig denken und mit Achtung reden muss.

Diese Pflichten sind durch die Religion selbst geheiligt, die es ausserdem den Unterthanen zur Pflicht macht, für den Souverän zu beten; eine Pflicht, die man wenig kennt und zu viel vernachlässigt, und deren Uebung den Völkern mehr Ehrfurcht gegen die Gesetze und gegen die Autorität einflössen würde, von welcher sie ausgehen.

In Bezug auf den ganzen Staatskörper macht sich's ein guter Bürger, wie dieselben Autoren sagen, zum unverletzlichen Gesetz, das öffentliche Wohl allem Andern vorzuziehen, seine Interessen und selbst sein Leben der Erhaltung des Staates zu opfern, und endlich seine Talente und seinen Fleiss dazu anzuwenden, um seinem Vaterland Ehre zu machen und ihm irgend einen Vortheil zu verschaffen.*)

Das sind in der That die Pflichten der legalen Gerechtigkeit, deren Namen fast nur in den Schulen bekannt ist, wo man sie selbst nicht umfassend genug behandelt, um die Wichtigkeit derselben kennen zu lehren, und so ihre Kenntniss und ihre Uebung allgemeiner zu machen.

Endlich besteht die Pflicht eines Unterthanen gegen seine Mitbürger darin, dass er so viel als möglich in Frieden und Eintracht mit ihnen lebt, dass er freundlich, gefällig, zugänglich und dienstfertig ist, und das Glück Anderer weder beneidet noch schädigt.

Die Religion schreibt allen Menschen nicht blos die Pflichten der Gerechtigkeit und der Liebe, sondern auch alle Rücksichten vor, durch welche sie einander die zuvorkommenden Gesinnungen der Achtung und des Wohlwollens bezeugen. Das wäre das Mittel, selbst dem niedern Volke wirksame Principien der Civilisation einzuflössen, welche geeignet wären, jene Rohheit des Charakters zu mildern, die so viele blutige Zwiste veranlasst. Man kann darüber die Reflexionen über Emil nachsehen.

Für die besonderen Pflichten, welche mit den verschiedenen Aemtern verbunden sind, lassen wir hier einige allgemeine Regeln folgen.

1. Man darf nach keinem öffentlichen Amte streben, ja ein solches nicht einmal annehmen, wenn man sich nicht fähig fühlt ein solches würdig auszufüllen.**) 2. Man darf nicht mehr Stellen übernehmen, als man ausfüllen kann. 3. Man darf keine schlechten Mittel anwenden, um sie zu erlangen. 4. Es fordert sogar zuweilen eine Art Gerechtigkeit, gewisse Stellen, die uns nicht nothwendig sind, und welche ebensogut von Andern ausgefüllt werden können, für die sie besser passen, nicht zu suchen. 5. Endlich muss man alle Functionen der Stellen, die man erhalten hat, mit allem Fleiss, mit aller Pünktlichkeit und mit aller Treue, deren man fähig ist, verrichten.

Die besondern Pflichten enden mit den Aemtern, aus denen sie fliessen; die allgemeinen Pflichten bleiben so lange bestehen, als die Eigenschaft des Unterthanen.

---

*) „Der seiner höhern Bestimmung getreue Mensch," sagt Dahlmann, Politik §. 10, „bringt dem Staate jedes Opfer des Eigenthums und der Person, nur nicht das Opfer seiner höhern Bestimmung selber, nur nicht das worüber er kein Recht hat."

**) Von gewissen Feldherren wird erzählt, sie haben sich zur Führung einer grossen Armee unfähig gefühlt und das auch an massgebender Stelle erklärt. Indem sie aber dieses Amt trotzdem übernahmen, fehlten sie gegen die obige Regel.

Man hört auf dreifache Art auf, ein Unterthan des Staats zu sein. 1. Wenn man sich anderswo niederlassen will. 2. Wenn man auf ewig verbannt und seiner Eigenschaft als Bürger beraubt wird. 3. Wenn man sich in die Nothwendigkeit versetzt sieht, sich der Herrschaft eines Siegers zu unterwerfen.

Nach Burlamaqui, Vattel und A. ist es ein natürliches Recht aller freien Völker, dass Jeder die Freiheit hat, sich anderswohin zurückzuziehen, wenn er das für passend hält. Man kann, fügt er bei, den Privatpersonen eines Staates nicht die Freiheit verweigern, sich anderswo niederzulassen, um sich dort die Vortheile zu verschaffen, welche sie in ihrer Heimat nicht finden.

Es gibt jedoch, sagt er, gewisse Grundsätze der Pflicht und des Anstandes, die man nicht umgehen kann. 1. Im allgemeinen darf man sein Vaterland nicht ohne die Erlaubniss des Souveräns verlassen; aber der Souverän darf sie ohne sehr dringende Gründe nicht verweigern. 2. Es wäre gegen die Pflicht eines guten Bürgers, sein Vaterland im Missgeschicke und unter Umständen zu verlassen, wo der Staat ein besonderes Interesse hat, dass man in ihm bleibe. 3. Wenn die Gesetze des Landes, wo man lebt, etwas darüber festgesetzt haben, muss man sich denselben willig unterwerfen; denn man hat ihnen seine Zustimmung ertheilt, als man Mitglied des Staates wurde.

Diese Doctrin bedarf einiger Aufklärung. Wenn der Staat das Recht hat Gesetze zu geben, um die Auswanderung der Unterthanen zu hindern, wie man das in der Republik von Argos übte, wo es bei Todesstrafe verboten war, das Land zu verlassen, so ist es klar, dass es kein natürliches Recht aller freien Völker ist, dass Jeder das Recht habe, sich anderswohin zurückzuziehen, wenn er es für passend hält. Denn die Gesetze des Staates verpflichten die Unterthanen des Staats und diese Verpflichtung entspringt nicht kraft der Zustimmung, die man denselben gegeben haben soll, als man ein Vaterland annahm, sondern aus dem Naturgesetze, welches den Mitgliedern des Staats die Unterordnung unter die öffentliche Gewalt vorschreibt, ohne welche die Gesellschaft nicht bestehen könnte.

Die Unterthanen, die im Staat geboren werden, gehen diese Verpflichtung schon durch die Wohlthat der Geburt und der Ernährung und Erziehung ein, welche sie dem Vaterlande verdanken, wie weiter oben erklärt wurde. Von einem Fremden, welcher Unterthan eines Staates wird, kann man wohl sagen, dass es von seinem Willen abhing, sich derselben zu unterwerfen, als er sich freiwillig verpflichtete, Mitglied eines neuen Staates zu werden; aber wenn er einmal diese Verpflichtung übernommen hat, so ist der Gehorsam, den er den Gesetzen dieses Staates schuldet, nicht mehr die Wirkung seiner Zustimmung, sondern eine im Naturgesetze begründete Pflicht der Unterordnung; ganz ebenso wie es von dem Willen einer Frau abhängt einen Gatten zu wählen, aber nicht, die Autorität zu verleihen oder zu beschränken, welche der Eigenschaft des Gatten wesentlich zukommt.

Man muss also als Grundsatz aufstellen, dass die Unterthanen, wenn es ein Gesetz gibt, welches ihnen verbietet, das Land zu verlassen, verpflichtet sind, sich demselben zu fügen.

Wenn es kein solches Gesetz gibt, können die Unterthanen der im Staate geltenden Gewohnheit folgen.

Man fragt ferner, ob die Bürger den Staat schaarenweise verlassen können. Burlamaqui antwortet, das könne nur in zwei Fällen geschehen; entweder wenn die Regierung tyrannisch ist, oder wenn eine Menge Leute im Lande keinen Unterhalt mehr fände, wie z. B. wenn Handwerker oder andere Arbeiter keine Arbeit oder keinen Absatz für ihre Waare mehr fänden. Er hätte eine dritte Ursache beifügen können, wenn die Völker sich mit der eitlen Hoffnung schmeicheln anderswo ein grösseres Glück zu machen, und auch wenn sie sich durch fremde Verlockungen zum grossen Nachtheil des Staates fortreissen lassen.

Wenn die Regierung tyrannisch ist, sagt Burlamaqui, so ist es Sache des Souveräns, sein Betragen zu ändern, und kein Bürger ist verpflichtet, unter der Tyrannei zu leben. Aber man muss hier die Pflicht des Souveräns von der Verpflichtung der Unterthanen unterscheiden. Es ist eine unerlässliche Pflicht des Souveräns, väterlich zu regieren; aber selbst dann, wenn der Souverän seine Gewalt missbraucht, entbindet dieser Missbrauch die Unterthanen nicht von dem Gehorsam, welchen sie den Gesetzen des Vaterlandes schuldig sind: *Obedite praepositis vestris etiam diyscolis,* — Seid gehorsam euren Vorgesetzten, auch den Schlimmen; — das ist eine apostolische Lehre, und das Wohl der Gesellschaft fordert es, wie man weiter unten sehen wird.

Der zweite Fall oder das äusserste Elend ist eine legitime Ursache der Auswanderung. Man darf nicht annehmen, dass der Staat seine Unterthanen im Elend umkommen lassen wolle und er könnte es auch nicht rechtmässiger Weise wollen, noch diese Nothleidenden des Rechts berauben, für ihre Erhaltung zu sorgen, indem sie im Auslande den Unterhalt suchen, den ihr Vaterland ihnen nicht bietet.

Ausser diesen Fällen, sagt Burlamaqui, kann der Souverän, wenn die Bürger ohne Ursache und in einer Art allgemeiner Desertion schaarenweise auswandern, sich dem ohne Weiteres widersetzen, wenn er findet, dass der Staat einen zu grossen Nachtheil dabei leide.

Es ist also nicht nothwendig, dass man, um diese und andere Fragen zu lösen, untersuche, ob anzunehmen sei, dass die Mitglieder des Staates eingewilligt haben oder nicht, zu bleiben oder fortzugehen. Der Autor gesteht, dass der Unterthan verpflichtet ist zu bleiben, wenn das Interesse des Staates es verlangt; er gesteht, dass der Souverän, wenn er findet, dass die Auswanderung der Unterthanen dem Staat einen zu grossen Nachtheil bringt, das Recht hat, sich ihr zu widersetzen. Das sind also die Principien, nach welchen man die Fragen entscheiden kann. Es ist die Pflicht des Souveräns über das Wohl des Staates zu wachen, er hat also das Recht es zu thun; es sind nicht die

Unterthanen, welche ihm die Pflicht auferlegen einzig am Wohle des Staates zu arbeiten; diese Pflicht ist wesentlich mit der Stellung verbunden, die er bekleidet, und es läge nicht in der Macht seiner Unterthanen ihn dieser Verpflichtung zu entbinden. Er hat also auch nicht von ihnen die Gewalt, durch alle passenden Mittel den Vortheil des Staates zu fördern, und da sie den Souverän der Verpflichtung nicht entbinden können, für denselben zu arbeiten, können sie ihm auch das Recht dazu nicht nehmen.

Man fragt ferner, welche Kraft die Einberufungsschreiben haben, durch die ein Edict die Eingebornen des Landes, welche im Auslande dienen, heimberuft. Wenn die Unterthanen sich mit ausdrücklicher oder stillschweigender Erlaubniss des Staates anderswo niedergelassen haben, so dass sie Mitglieder oder Bürger eines andern Staates geworden sind, nimmt man an, der erste Staat habe durch diese Erlaubniss auf das Recht verzichtet, welches er auf diejenigen hatte, die davon Gebrauch gemacht haben, und die Einberufungsschreiben haben folglich keine Kraft in Bezug auf sie. Aber der Staat behält immer sein Recht über einen Unterthan, welcher das Land gegen die Gesetze verlassen hat, oder welcher noch ein Vermögen im Lande behält, oder welcher nur auf Reisen in fremden Ländern, oder aus einem andern ähnlichen Grunde abwesend ist.

Man hört auch auf, Bürger eines Staates zu sein, wenn man auf ewige Zeiten verbannt ist. Denn von dem Augenblick an, wo der Staat Jemanden nicht mehr als sein Mitglied anerkennen will, und wo er ihn aus seinem Gebiete verjagt, befreit er ihn von den Verpflichtungen, die er als Bürger hatte. Die Rechtsgelehrten nennen diese Strafe den bürgerlichen Tod. Uebrigens kann der Staat oder der Souverän einen Bürger ohne gewichtige Gründe für die Aufrechthaltung der Gerechtigkeit, der guten Sitten, des Friedens und der öffentlichen Ruhe billigerweise nicht aus seinem Gebiete verjagen. Es gibt Bürger, welche durch die Grundsätze, die sie verbreiten, oder durch das Aergerniss eines unordentlichen Lebens verderblicher sind als die Spitzbuben durch ihre Verbrechen, und die Polizei muss hier ein wachsames Auge haben.

Endlich kann man die Eigenschaft als Bürger eines Staates durch die Wirkung einer höheren Kraft von Seite eines Feindes verlieren, durch welchen man in die Nothwendigkeit versetzt wird, sich seiner Herrschaft zu unterwerfen. Dieser Fall gründet sich auf die Nothwendigkeit. *)

---

*) Pius IX. spricht in einer Reihe von Actenstücken über die Pflichten der Unterthanen insbesondere über die Pflicht des Gehorsams. Die betreffenden Actenstücke sind die Encyclica *Qui pluribus* vom 9. November 1846, die Allocution *Quisque vestrum* vom 4. October 1847, die Encyclica *Noscitis et nobiscum* vom 8. December 1849 und das Apostolische Schreiben *Cum catholica* vom 26. März 1860. Es mag genügen, hier die Stellen aus der Encyclica vom 9. November 1846, welche Pius IX. beim Antritt seines Pontificats erliess und aus der Allocution vom 8. December 1849 anzuführen, welche lauten, wie folgt: „Den schuldigen Gehorsam und die

Von den Pflichten des Souveräns.

Um die Pflichten des Souveränes wohl zu erkennen, braucht man nur die Natur und den Zweck der bürgerlichen Gesellschaften und die Ausübung der verschiedenen Theile der Souveränetät mit einiger Aufmerksamkeit zu betrachten.

1. Die erste allgemeine Pflicht der Fürsten, welche eine absolut unerlässliche Vorbedingung ist, besteht darin, dass sie sich sorgfältig über Alles unterrichten, was nothwendig ist, um eine genaue Kenntniss von ihren Pflichten zu haben. Denn man kann das, was man nicht weiss, nicht gut verrichten. Es hiesse sich gröblich täuschen, wenn man glauben wollte, die Regierungswissenschaft sei eine leichte Sache; im Gegentheil, nichts ist schwerer, wenn man gut regieren will. Was für Talente, welches Genie man auch von der Natur empfangen haben mag, sie fordert einen ganzen Mann; denn das schwerste Geschäft ist, ein würdiger König zu sein. Der allgemeinen Regeln, um gut zu regieren, gibt es nur wenige; aber die Schwierigkeit besteht in der richtigen Anwendung auf Zeit und Umstände und in der passenden Modification derselben, und das erfordert die grössten Anstrengungen des menschlichen Fleisses und der menschlichen Klugheit.

2. Ein von dieser Wahrheit wohl überzeugter Fürst wird zunächst damit beginnen, dass er die Hindernisse beseitigt, welche sich seiner Belehrung entgegenstellen könnten. Er wird sich nicht frivolen Vergnügungen, eitlen Beschäftigungen, oder allzu anhaltenden Unterhaltungen hingeben, die ihn an der Erkenntniss und an der Uebung seiner Pflichten hindern könnten. Er wird dafür Sorge tragen, weise, verständige, erfahrene Personen in seiner Umgebung zu haben, Schmeichler und andere Leute, deren ganzes Verdienst nur in frivolen, der Aufmerksamkeit eines Souveräns unwürdigen Dingen besteht, ferne zu halten. Prüfe sorgfältig das Leben und die Schritte derjenigen, welche in deiner Umgebung sind, sagte Isokrates zu Nikokles, und sei überzeugt, dass Jedermann dich für so halten wird, wie diejenigen sind, mit welchen du in vertrautem Um-

---

Unterwerfung gegen die Fürsten und Obrigkeiten schärfet dem christlichen Volke genügend ein, indem Ihr es nach der Mahnung des Apostels belehrt, es gebe keine Gewalt ausser von Gott und Jene widerstehen der Anordnung Gottes und ziehen sich somit die Verdammniss zu, welche der Gewalt widerstehen. Darum könne das Gebot, der obrigkeitlichen Gewalt zu gehorchen, von Niemanden ohne schwere Sünde verletzt werden, es müsste denn etwas befohlen werden, was den Gesetzen Gottes und der Kirche widerspricht. In der Allocution vom 8. December 1849 heisst es: „Die Eurer Fürsorge anvertrauten Gläubigen müssen ermahnt werden, es gehöre ganz und gar zum Wesen der menschlichen Gesellschaft, dass Alle der in derselben rechtmässig bestehenden Autorität gehorchen, und es könne Nichts an den Vorschriften des Herrn geändert werden, welche in der h. Schrift hierüber verkündigt sind." Die weiteren obenerwähnten Actenstücke findet man auf Seite 47, 48 108 des I. und 56 des II. Hefts dieses Werkes.

gange lebst. Gestatte weisen Personen, freimüthig mit dir zu sprechen, damit du, wenn du in einer Verlegenheit bist, Leute findest, welche mit dir daran arbeiten die Dinge aufzuklären. Unterscheide zwischen den arglistigen Schmeichlern und denen, welche dir mit Liebe dienen, damit die Schlechten nicht mehr Antheil an deiner Gunst haben, als die rechtschaffenen Leute.

3. Der Fürst muss die Constitution seines Staates und den Character seiner Unterthanen kennen. Er darf sich hier nicht mit einer allgemeinen und oberflächlichen Kenntniss begnügen; er muss in Alles eingehen, er muss sorgfältig prüfen, welches die Form, die Ausdehnung, die erste Einrichtung des Staates ist, was er für allmälige Vergrösserungen erfahren hat und welches die Mittel dazu waren, was er für Nachbarn hat, welches die Rechte und die gegenseitigen Ansprüche des Staates an die Nachbarn und der Nachbarn an den Staat sind, welches die Producte des Landes sind, was für eine Bevölkerung es hat, was man für einen Vortheil für die Vermehrung der Arbeit und folglich der Subsistenz und der Bevölkerung daraus ziehen kann. Nichts von Allem dem darf der Erwägung des Fürsten entgehen.

Er muss auch den Character seiner Unterthanen kennen. Der Nationalcharacter ist im Grunde nichts anderes, als eine lange Gewohnheit auf eine bestimmte Weise zu leben und zu denken. Das Physische kann hier einige Bedeutung haben, aber die moralischen Ursachen der Erziehung, des Unterrichtes, des Beispiels und der Gesetzgebung haben hier den hauptsächlichsten Einfluss. Der Nationalcharacter hängt viel von einer alten Regierungsweise ab. Die Geschichte der Egyptier, der Perser, der Griechen, der Römer und die Verschiedenheiten, welche diese Völker in verschiedenen Zeiträumen darbieten, beweisen es augenscheinlich. Ein berühmter Politiker hat gesagt, es sei immer der Fehler des Fürsten, wenn es ihm an guten Truppen fehle. Der Fürst muss sich also bemühen, den Character der Nation, die Verkettung der Ursachen, welche dazu beigetragen haben, ihr diesen besonderen Character zu verleihen, und die Mittel kennen zu lernen, ihn zu erhalten, ihn zu ändern, oder einzudämmen. Die Natur hat in alle Menschen allgemeine Neigungen gelegt, welche zum Guten streben, und man kann sich derselben immer mit Vortheil bedienen, um die fehlerhaften Neigungen zu bekämpfen. Erziehung und passend angewandte Belohnung können alles machen. Es genüge hier die Bemerkung, dass Verbote oft unnütz sind, wenn sie gar zu offen gegen die Vorurtheile verstossen, die sich eine Nation in den Kopf gesetzt hat. Man muss sie durch indirecte Mittel zu ihrem eigenen Besten führen, und sie dann durch die Gesetze darin befestigen.

Ein Fürst bedarf einer grossen Tugend, um alle mit der Ausübung des Königthums verbundenen Pflichten genau zu erfüllen. Die Tugend besteht eigentlich in einer festen und beständigen Disposition der Seele, die Regungen des Willens nach dem Lichte der Vernunft zu regeln. Und da es verschiedene Neigungen der Seele in Bezug auf die verschiedenen Arten von

Objecten gibt, unterscheidet man auch verschiedene Arten von Tugenden, um diese verschiedenen Neigungen zu regeln.

Die Religion und die Frömmigkeit ist, insofern sie alle Pflichten des Menschen gegen Gott in sich schliesst, ohne Widerspruch die erste Tugend und die Grundlage aller andern. Der Wunsch, Gott zu gefallen, die Hoffnung auf ewigen Lohn, die Furcht vor den Strafen des anderen Lebens, sind die wirksamsten Beweggründe, um fehlerhaften Neigungen zu widerstehen und die Seele zu der Liebe zum Guten zu entflammen. Man kann alles von einem wahrhaft religiösen Fürsten hoffen, welcher die Gottheit fürchtet und achtet und welcher, durchdrungen von den Grundsätzen der Religion, niemals vergisst, dass Gott ihn nur darum über seine Brüder erhoben, um ihn zum Werkzeug seiner Wohlthaten gegen sie zu machen.

Auch die Völker betrachten die Religion als die sicherste Gewähr des guten Willens des Fürsten gegen sie und seines Bestrebens, seine Pflichten zu erfüllen; die Religion ist also das hauptsächlichste Band des Vertrauens, welches die Unterthanen zu ihrem Souverän fassen, und dieses Vertrauen hat immer Liebe und Unterwerfung zur Folge.

Die Gerechtigkeit ist die zweite Tugend, welche der Fürst mit grosser Sorgfalt pflegen muss, um den Zweck seiner Bestimmung zu erfüllen; diese Tugend hat beim Fürsten drei Hauptverrichtungen: 1. Die billigsten und für das Wohl des Staates tauglichsten Gesetze zu machen. 2. Es so einzurichten, dass die Privatpersonen bei den Gerichten prompte und exacte Justiz finden. Eine gute Verwaltung in dieser Art ist die sicherste Grundlage der öffentlichen Ruhe und nichts macht die Völker der Regierung so geneigt, als das Vertrauen, welches sie in die Einsicht und in die Billigkeit derjenigen haben, die ihnen als ihre Richter vorgesetzt sind. 3. Die dritte Verrichtung besteht in der Vertheilung der Stellen und der Belohnungen nach Verdienst und Leistung und ohne Ansehen der Person.

Von den Unterhaltungen des Fürsten.

Unterhaltungen sind nothwendig für diejenigen, welche ernste Beschäftigungen haben, denn der Geist kann nicht immer angestrengt sein und bedarf einiger Erholung, um sich tauglich zu machen, seine Verrichtungen mit neuen Kräften wieder aufzunehmen. Da nun die Fürsten nothwendiger Weise ernstere Beschäftigungen haben müssen, welche ihr Stand mit sich bringt, müssen sie auch einige Erholung haben.

Die Unterhaltungen, welche für einen Fürsten passen, dürfen erstens nichts enthalten, was gegen das Gesetz Gottes oder gegen die guten Sitten ist; denn dadurch würden sie ihren Unterthanen ein schlechtes Beispiel geben.

Sie dürfen sich der Unterhaltungen blos bedienen, um ihren Geist ausruhen zu lassen, ohne sich allzu sehr an sie zu hängen.

Die Unterhaltungen eines Fürsten dürfen keine übermässigen Auslagen erfordern; denn um all das Geld aufzutreiben, ist man zuweilen in der Lage Steuern auflegen zu müssen, welche die gerechten Grenzen überschreiten, und so werden die Unterthanen wegen unnützer Dinge gedrückt.

Es gibt Unterhaltungen, welche an die Anstrengung gewöhnen. Diese sind einem Fürsten sehr nützlich, der sich in Verhältnissen befindet, wo seine Ehre erfordert, dass er sich anstrengt, was man nicht thun kann, wenn man nicht daran gewöhnt ist.

Endlich darf ein Fürst bei was immer für einer Unterhaltung nie vergessen, dass er sich dieselbe nur macht, um seinen Geist ausruhen zu lassen, und er darf nie so an ihr hängen, dass er darüber seine Pflichten vergisst.

Von der Religion.

Die Religion muss allen Menschen und in allen Ständen als Regel, als Stütze und als Correctiv dienen.

Ein Fürst ist nur durch seine Tugend gross, und er kann in dem inneren Frieden, welchen eine aufrichtige Anhänglichkeit an die Religion den rechtschaffenen Menschen in der Uebung ihrer Pflichten verleiht, ein dauerhaftes Glück selbst für dieses Leben finden.

Der Fürst muss sich ganz dem Glücke seiner Völker widmen. Darin besteht seine Sicherheit, seine Grösse, sein Ruhm. Aber diese edle Hingebung, tausendmal achtenswerther, als die eines Decius und eines Curtius, erfordert einen beständigen Fleiss, eine unermüdete Sorgfalt: Opfer, welche der menschlichen Natur schwer fallen. Oft arbeitet man für Undankbare. Die Geschichte weist Fürsten auf, die sich während ihres Lebens durch Seiten verhasst machten, wegen deren sie nach ihrem Tode angebetet wurden. Das Ministerium Sully liefert einen Beweis hiefür.

Aber welcher Beweggrund ist mächtig genug, um den Fürsten zu veranlassen, sich ganz dem Wohle des Staates zu weihen? Das Interesse? Allerdings ist im Grunde genommen das Interesse des Fürsten mit dem Wohle des Staates innig verbunden. Aber es bedarf eines edelmüthigen Herzens, um dieses Band zu fühlen. Das Interesse im eigentlichen Sinne des Wortes ist eine Neigung der Eigenliebe, sofern es sich in sich selbst concentrirt; es modificirt sich verschieden, je nach der Verschiedenheit des Herzens und der Leidenschaften, aber überall will es Alles an sich ziehen; durch das Gegentheil dieser Neigung findet man sein Glück und seine Freude in dem Wohl von seines Gleichen. Auch ist das Interesse im gewöhnlichen Sinne dieses Ausdrucks so wenig für das Glück Anderer gemacht, dass die meisten politischen Autoren sagen, der Tyrann regiere für sein eigenes

Interesse, wie Dionys von Syracus, und der König regiere für das Wohl seiner Völker.

Die Liebe zum Ruhme? Diese Leidenschaft hat etwas Edleres als das Interesse, aber sie ist nicht frei von Schwäche. Der Fürst, welcher den Ruhm leidenschaftlich liebt, wird lieber dem Strom der öffentlichen Meinung, als der Wahrheit folgen. Er wird jene grossen Dinge vollbringen wollen, welche die Völker zur Bewunderung hinreissen, weil sie nicht sehen, dass diese grossen Dinge oft der Anfang grosser Calamitäten sind.

Um etwas gut zu thun, muss man gerne thun, was man thut; um die Völker gut zu regieren, muss man die Völker lieben, und die Liebe zum Ruhm ist nicht die Liebe zu den Völkern. Ist es die Liebe zur Menschheit? Ein schönes Wort! Aber woher kommt es doch, dass jene Menschen, welche in ihren Schriften am schwungvollsten und begeistertsten die Liebe zur Menschheit predigen, einander so grausam zerfleischen? *)

Von der Kunst zu regieren.

Die Regeln jeder Art entstehen aus der Beobachtung. Unter denjenigen, welche dieselbe Laufbahn verfolgen, sieht man Einige, die ihr Ziel erreichen,

---

*) „Geht man auf den letzten Grund aller Tugenden und Pflichten zurück", sagt Walter, Naturrecht und Politik §. 262, „so liegt derselbe in dem Gewissen, also in der Religion, d. h. in dem Bewusstsein des Zusammenhangs mit einer überirdischen Weltordnung und der daraus fliessenden sittlichen Aufgaben des Menschen. Gleichwie dieses Bewusstsein den Menschen für jedes Lebensverhältniss mit einer eigenthümlichen, durch nichts zu ersetzenden Schwungkraft erfüllt, so insbesondere für den Staat, der den Menschen von der Wiege bis zum Grabe erfasst, und mit den mannigfaltigsten Aufgaben an ihn herantritt. Ueberall wird hier die Macht und der alles belebende Einfluss der Religion fühlbar, und ohne sie kann kein Staat bestehen. Sie erfüllt und durchdringt jeden Lebenskreis mit dem höheren Geiste der Pflichterfüllung. Sie schliesst durch die Achtung und Heilighaltung jedes Rechtes, des Hohen wie des Niedrigen, des Starken wie des Schwachen, das wahre erhaltende Element der Gesellschaft in sich. Sie heiligt durch den Eid die Bande der Zuneigung und Treue, welche den Fürsten und das Volk gegenseitig verknüpfen. Sie stellt sich der höchsten Gewalt ergänzend, mildernd, erleuchtend zur Seite und wehrt durch ihre ernsten Ermahnungen den Missbrauch derselben ab. Sie erhebt die Unterthanen zur Tugend des freien Gehorsams. Sie bewahrt durch die Gemüthskraft, welche sie in Schwung setzt, und unterhält den Nationen ihre Jugendlichkeit und schützt sie vor der Trockenheit des Geistes und des Herzens, woran sie hinwelken und absterben. Sie ist die Grundlage der Familien und der darin heranzuziehenden Zucht und Pietät. Sie dient den Gerichten durch den Eid als unentbehrliches Hülfsmittel zur Erforschung der Wahrheit. Sie gibt dem Kriegsmanne auf dem Schlachtfelde den wahren Todesmuth. Sie bringt die Reichen und die Armen einander näher, indem sie Jene zur Theilnahme und thätigen Hilfe antreibt, diesen Dankbarkeit und Trost einflösst, überhaupt aber jede Lage des Lebens mildert, erhebt und durch Ergebung veredeln lehrt. Die Religion ist daher das eigentliche Band, welches den Staat zusammenhält, stark macht und vor Ausartung schützt."

und Andere, die es verfehlen. Ein aufmerksamer Geist entdeckt das bald in dem verschiedenen Benehmen.

Jede Kunst hat einen Gegenstand, welchen man zu erreichen strebt — Mittel um ihn zu erreichen — Regeln für die Anwendung der Mittel, — natürliche oder erworbene Fähigkeiten, um die Regeln anzuwenden.

Regieren heisst, die souveräne Macht in einer Gesellschaft dazu anwenden, um denen, welche sie bilden, die grössten Vortheile zu verschaffen, die sie aus ihrer Vereinigung ziehen können.

Die Vortheile reduciren sich auf drei Hauptstücke: Sicherheit, genügenden Unterhalt, Unterricht.

Die Kunst zu regieren muss die Mittel in sich schliessen, die Macht zu sichern und sie dem Zwecke der Verwaltung entsprechend auszuüben. Diese beiden Mittel fallen in eines zusammen, denn nichts ist geeigneter, die Macht zu sichern, als der gute Gebrauch, den man von ihr macht.

Die Mittel dazu sind die Gründung der Constitution, die Erhaltung der Constitution durch das Mittel der Gesetze; die Erhaltung der Gesetze durch die kluge Wahl derjenigen, welche beauftragt sind, über die Ausführung zu wachen.

Die Constitution fordert ein richtiges Verhältniss in der Vertheilung der verschiedenen Stände des Staates; in der Vertheilung der verschiedenen Functionen der Regierung.

Die Verschiedenheit der Charactere und Talente kommt von der Natur. Die Gelegenheit lässt sie hervortreten, hilft sie entwickeln und sich entfalten, aber sie verleiht sie nicht. Man sieht also, dass die Natur die Menschen mit verschiedenen Geschicklichkeiten und mit verschiedenen Graden der Thätigkeit in Bezug auf verschiedene Gegenstände begabt, mit welchen sie sich zu beschäftigen fähig sind; dass Jedem, der sich in der Beschäftigung übt, zu welcher er das meiste Geschick hat, das, was er thut, am besten gelingt, dass es nichtsdestoweniger einen innigen Zusammenhang und eine innige Verbindung zwischen diesen verschiedenen Arten von Geschicklichkeiten und Beschäftigungen gibt, vermittelst deren man sie durch eine passende Uebereinstimmung zum höchsten Wohl der Menschheit zusammenwirken lassen kann. Unmöglich konnte Ein Mensch alle Talente haben und Alles thun, aber der Geist der Ordnung und der Vernunft setzt, indem er die Menschen unter einander verbindet, jeden in die Lage, alle Talente zu geniessen, als ob er allein sie alle besässe. Nichts konnte also dem menschlichen Geschlechte vortheilhafter sein, als die Theilung und das Zusammenwirken der Talente. Beide kommen von der Natur; die erste vermittelst der besonderen Fähigkeiten, welche Jeder mit auf die Welt bringt; die andere vermittelst der Vernunft, welche eine natürliche Fähigkeit des Menschen, und allen Menschen gemein ist. Ohne die Gesellschaft wäre jedes Individuum, vereinzelt und auf sich selbst angewiesen, arm und unglücklich: die Gesellschaft eignet, indem sie einen entsprechenden Verkehr unter allen Individuen einführt, Jedem die Talente und die Kräfte aller anderen zu.

Kann man die Absichten und den Fingerzeig der Natur in der Beziehung so vieler verschiedener Talente auf einen gemeinsamen Zweck, in dem Guten, welches daraus hervorgeht, und in der Gewalt verkennen, welche die Vernunft dem Menschen gibt, sie durch die Einrichtung der Gesellschaft zu demselben zusammenwirken zu lassen?

Aristoteles hat die Republik eine Gesellschaft von Menschen genannt, vereinigt, um gut und glücklich zu leben.

Bodin *) definirt sie als die rechte und gemässigte Regierung mehrerer Familien und dessen, was ihnen gemeinsam ist, mit souveräner Gewalt.

Diese beiden Definitionen lassen sich vereinigen und eine durch die andere erklären. Die des Bodin scheint strenger.

Wenn gesagt wird, das öffentliche Glück sei der Gegenstand der Gesellschaft, so darf man die Vorstellung, die man sich davon macht, nicht missverstehen. Dieses Glück besteht nicht wesentlich im Besitze von Reichthümern oder Annehmlichkeiten des Lebens. Das öffentliche Glück als Gegenstand der Gesellschaft muss allen Individuen zugänglich sein, aus denen sie besteht: der Reichthum, der Luxus und die Annehmlichkeiten können nicht Allen gemeinsam sein. Eine Republik kann bestehen, weise regiert werden, und selbst blühen, ohne diese Zugaben, welche nichts mit der Güte der Verfassung zu schaffen haben. Sparta ist ein Beispiel dafür. Dagegen kann die Republik reiche Bürger enthalten, einen unermesslichen Schatz besitzen, sieg-

---

*) *Joan. Bodini Andegavensis Galli de republica libri sex.* Es erschien zuerst 1576 in französischer Sprache, dann vom Verfasser selbst in's Lateinische übersetzt und vermehrt 1584 und öfters. Dieses Buch handelt vom Zweck des Staates und dessen geistiger und materieller Bestimmung, von der Familie und der Nothwendigkeit einer strengen, fast unbeschränkten väterlichen Gewalt, von der Sklaverei und deren Unrechtmässigkeit, vom Bürgerrecht und den Schutzverwandten, von der Souveränetät, von den Staatsformen, von der Monarchie und der Tyrannei, von der Aristokratie, von der Democratie, von dem Senate und·den französischen Parlamenten, von der Magistratur und ihrer Beziehung zum Fürsten und zu den Unterthanen, von den Gemeinden und den Corporationen und ihrer hohen Bedeutung für das Staatsleben, von den Provinzial- und Generalständen, von den Revolutionen, ihren Ursachen und den Mitteln ihnen vorzubeugen, von dem Einfluss des Clima auf die Sitten und Verfassungen, von der Gerechtigkeit und der Organisation der Rechtspflege, von der inneren und äusseren Sicherheit, dem Kriege und den Allianzen, von der Besteuerung, dem Finanz- und Münzwesen, und von der Censur; den Schluss macht eine Vergleichung der verschiedenen Staatsformen. Das zu seiner Zeit sehr berühmt gewordene Buch beruht nach der Weise des Aristoteles, den er auch häufig anführt, auf der Verbindung der aus der Natur des Menschen und der Erfahrungen der Geschichte gezogenen Wahrheiten, und zeichnet sich durch gemässigte und wohlwollende Gesinnung, verständiges sittliches Urtheil und durch grosse Kenntniss der alten Staatseinrichtungen und klassischen Welt vortheilhaft aus.

reich nach Aussen sein, während sie im Innern voller Laster und Corruption und folglich unglücklich und schlecht regiert ist: so war die römische Republik vor ihrem Verfalle.

Die Dummköpfe, welche in allen Ländern zu Hause und in der Kaste der Schöngeister sehr zahlreich sind, rühmen unaufhörlich das Glück einer Nation, welche das Meer mit ihren Flotten bedeckt, deren Handel sich über beide Hemisphären erstreckt, und welche Handelsleute und Grosse mit fürstlichen Reichthümern hat. Aber wenn in derselben Nation die Menge unter der Last des Elends seufzt, wenn die Bauern und die Handwerker auswandern, oder zu Tausenden sich zusammenrotten müssen, um ihren nothdürftigen Unterhalt zu erlangen, kann man da sagen, dass die Reichthümer von 10.000 Particuliers das Glück einer Nation ausmachen, wo man die im Elend Schmachtenden nach Tausenden zählt? Wenn ein Mensch seine Begierden in der Schule der Religion zügeln lernt, wenn er sich zu beschäftigen versteht, sei es um seine Mussestunden ehrenvoll auszufüllen, sei es um seinen Unterhalt zu erwerben, wenn er die Süssigkeit kostet, welche der rechtschaffene Mensch immer in der Erfüllung seiner Familien-, gesellschaftlichen und Freundschafts-Pflichten findet: das ist ein glücklicher Mensch, so viel man es in dieser Welt sein kann. Die Anhäufung von Gütern des Einzelnen hat nie zu Jemands Glück beigetragen.*) Was geeignet ist, das Glück des Menschen zu machen, muss für alle Menschen sein. Was nicht für Alle ist, das ist nicht geeignet, das Glück irgend Jemands zu machen.

Wir bemerken, dass die Arbeit des Menschen in Gesellschaft viel mehr Subsistenzmittel bietet, als die Arbeit des isolirten Menschen. Robinson auf seiner Insel arbeitete den ganzen Tag und doch wäre er ohne die Beihilfe, die er aus seinem Schiffe zog, elendiglich umgekommen: die Arbeit Robinsons in der Gesellschaft hätte soviel abgeworfen, dass er bequem hätte leben können.

Ein religiöses, tugendhaftes und arbeitsames Volk wird immer eine zahlreiche, starke und glückliche Nation bilden.

Montesquieu predigt die Liebe zum Vaterland als die einzige Tugend der Republiken. Und diese Liebe gründet sich nach ihm mehr auf das Gefühl, als auf die Erkenntniss. Hohle Redensarten! diese Liebe des Gefühles, welche nur eine schwärmerische Liebe ist, verträgt sich mit Lastern, welche die Gesellschaft unglücklich, wenn auch nach Aussen furchtbar machen. In

---

*) Wie schön stimmt dazu die Verwerfung der 58. Prop. des Syllabus: *Aliae vires non sunt agnoscendae, nisi illae, quae in materia positae sunt, et omnis morum disciplina honestasque collocari debet in cumulandis et augendis quovis modo divitiis ac in voluptatibus explendis.* Es sind keine anderen Kräfte anzuerkennen, als die im Stoffe vorhanden und alle Zucht und Ehrbarkeit der Sitte ist in jedweder Art der Anhäufung und Vermehrung von Reichthümern und in den Genuss der Vergnügungen zu setzen.

der Zeit, wo diese Vaterlandsliebe in Rom triumphirte, unterdrückten die Reichen die Armen durch den schreiendsten Wucher. *)

Wenn die Religion in einem Volke die Sitten und die Rechtschaffenheit erhält, wird sich die Vaterlandsliebe bei ihm finden, und das wird eine wahrhaft patriotische Liebe sein.

Von der Erziehung.

Die Erziehung ist der sicherste Weg, zu erhalten, zu bessern und zu verbessern.

Jede Gesetzgebung, welche nicht auf die Erziehung gegründet ist, wird immer nur ein in der Luft aufgeführter Bau sein.

Wenn man eine bestimmte Art zu denken, eine neue Art der Beurtheilung und der Anschauung einführen will, so ist der sicherste Weg sie u n i f o r m in den Schulen lehren zu lassen.

Man sucht den Gang der Studien jeder Art zu erleichtern. Was thut man? Man kürzt die Zeit ab und gibt oberflächliche Unterweisungen statt vollständiger Abhandlungen. Es kann keinen schlechteren Einfall geben. M a n v e r m e h r t s o S c h w ä r m e v o n m i t t e l m ä s s i g e n L e u t e n, w e l c h e d e r G e s e l l s c h a f t z u r L a s t f a l l e n. Man fühlt wohl die Unzukömmlichkeit, aber man begünstigt trotzdem den Missbrauch, aus welchem sie entsteht. Die Jugend muss, in was immer für einer Wissenschaft so lange als möglich in der Lehre erhalten werden. Nur denen, die durch ein langes Studium vollständiger Abhandlungen die Gegenstände, mit welchen sie sich beschäftigen müssen, als Meister inne haben, ertheile man den Meistergrad; die Zahl der Doctoren wird sich dann gleichzeitig vermehren und vermindern: es wird weniger Titular - Doctoren und mehr wirkliche Doctoren geben.

Von der Censur.

Das Loos der Staaten hängt von den Sitten ab. Das ist eine Wahrheit, für welche die Erfahrung spricht. Die Gesetze strafen und können nur Vergehen strafen und es gibt Beispiele, welche, ohne Vergehen zu sein, schlimmere Folgen haben, als die Vergehen selbst.

---

*) Hieher gehört die 64. verworfene Prop. des Syllabus: *Tum cujusque sanctissimi juramenti violatio, tum quaelibet scelesta flagitiosaque actio sempiternae legi repugnans, non solum haud est improbanda, verum etiam omnino licita, summisque laudibus efferenda quando id pro patriae amore agatur.* Sowohl der Bruch jedes noch so heiligen Eides, als auch jede verbrecherische und schändliche, dem ewigen Gesetze zuwiderlaufende Handlung sind nicht nur nicht zu missbilligen, sondern auch gänzlich erlaubt und mit grösstem Lobe zu erheben, wenn das aus Liebe zum Vaterlande geschieht.

Die Censur, welche die Aufsicht über die Sitten hatte, war einst das Bollwerk des Staates im alten Rom. Seit die Censur vernachlässigt ward, wurden die Sitten verderbt und Rom verfiel.

Es genügte den beiden Censoren von Rom, über die Senatoren und die Richter zu wachen. Diese beiden Körperschaften gaben allen übrigen den Ton an.

Es war eine Schande, aber keine Infamie, vom Censor notirt zu werden. Der von dem Gesetze für infam Erklärte wurde unfähig zu jedem Amte. Der vom Censor notirte Bürger brauchte sich nur zu bessern, und konnte dann selbst Censor werden.

Aber wie soll man die Censur in einer Monarchie einführen? Die Aufmerksamkeit des Monarchen kann die Stelle derselben vertreten. Die Ausschliessung eines Jeden, der zügellose Reden führt, welche die Religion, die Sitten und die Regierungsgrundsätze verletzen, eines Jeden, der in übermässiger Zerstreuung lebt oder seine Pflichten vernachlässigt, von allen Aemtern und Graden, wird der Ausschweifung einen Zügel anlegen, und das Laster weniger gefährlich machen; indem sie dasselbe verhindert, sich zu zeigen und seine Ansteckung zu verbreiten.

Die zügellose Redefreiheit ist ein grösseres Uebel als man glaubt. Die Eigenschaft als Christ und als Bürger bestimmt die Form des Denkens über die wichtigsten Gegenstände. Diese Art zu denken ist einzig und bringt **die Gleichförmigkeit der Grundsätze und Gesinnungen hervor, welche das festeste Band der Eintracht unter den Bürgern ist**. Warum soll man dulden, dass Schöngeister, die nichts weniger sind als grosse Geister, sich ein Geschäft daraus machen, zu zerstören, was die Weisheit des Gesetzgebers zu befestigen strebt?*)

---

*) Vergleiche darüber das I. Heft dieses Werks Seite 5, 73—75, und das II. Heft Seite 5, 60—62, wo verschiedene Aussprüche Pius IX. und früherer Päpste in dieser Richtung angeführt sind. An diesem Orte glauben wir eine Stelle aus der Allocution *Maxima quidem* vom 9. Juni 1862 und eine weitere Stelle aus der berühmten Encyclica vom 8. December 1864 anführen zu sollen. In der zuerst genannten Allocution heisst es: *Cum autem omnes religionis veritates ex nativa humanae rationis vi perverse derivare audeant, tum cuique homini quoddam veluti primarium jus tribuunt, ex quo possit libere de religione cogitare et loqui eumque Deo honorem et cultum exhibere, quem pro suo libito meliorem existimat. — At vero eo impietatis et impudentiae deveniunt ut coelum petere, ac Deum ipsum de medio tollere conentur.* — Während sie aber so in verkehrter Weise alle Wahrheiten der Religion aus der natürlichen Kraft der menschlichen Vernunft ableiten wollen, verleihen sie jedem einzelnen Menschen ein gewisses primitives Recht, kraft dessen er über die Religion frei denken und reden, und Gott jenes Mass von Ehre und Verehrung zollen kann, das er eben nach seinem Ermessen für gut hält. — Daher kommen sie zuletzt auf jenen Punkt des Unglaubens und der Unverschämtheit, dass sie den Himmel stürmen und Gott selbst abschaffen wollen. — In der Encyclica vom 8. December 1864 heisst es: *Haud timent erroneam illam fovere opinionem ... jus civibus inesse ad omnimodam*

Könnte man nicht auch festsetzen, dass die städtischen oder andere Corporationen, welche das Recht haben, die Mitglieder, aus denen sie bestehen, zu wählen oder aufzunehmen, sich's zur Ehrenpflicht machen, nur solche Personen aufzunehmen, deren Ruf über jeden Tadel erhaben ist?

Die Censur sollte hauptsächlich in Bezug auf die Bücher ausgeübt werden, die man druckt oder in Umlauf setzt.

Es ist ein grosser Irrthum, zu glauben, die Denkfreiheit, welche unsere Philosophen einführen möchten, sei nothwendig, um dem Genius den Aufschwung zu verleihen, dessen er bedarf. Gibt es eine reelle Entdeckung, ein nützliches Erzeugniss, welches man dieser Denkfreiheit zur Ehre rechnen könnte? Ist sie es, die den Geist eines Corneille und eines Racine, eines Bossuet und eines Fénélon, eines Boileau und eines Newton entflammt hat? Man nehme Alles weg, was diese Freiheit hervorgebracht hat, und die Encyklopädie der Künste und Wissenschaften wird nichts dabei verlieren. *)

Der verschiedenartige Geschmack in der Literatur ist wie alles andere der Herrschaft der Mode, das heisst der Unbeständigkeit des menschlichen Geistes unterworfen. Die Poesie und die Beredsamkeit, die Gelehrsamkeit, die Medaillen, die Erforschung der Denkmale des Alterthums, die Geschichte, die Naturgeschichte, die Mathematik und ihre verschiedenen Zweige, die

---

libertatem nulla vel ecclesiastica, vel civili auctoritate coarctandam, quo suos conceptus quoscumque sive voce, sive typis, sive alia ratione palam publiceque manifestare ac declarare valeant. — Sie fürchten sich nicht, jene irrige Meinung zu begünstigen, dass den Bürgern ein Recht auf jede durch keine kirchliche, noch bürgerliche Autorität zu beschränkende Art von Freiheit innewohne, vermöge der sie ihre beliebigen Gedanken durch den Druck oder auf irgend eine andere Weise offen und vor Allen kundgeben und erklären können. — Hieher gehört auch die verworfene 79. Prop. des Syllabus: *Enimvero falsum est civilem cuiusque cultus libertatem, itemque plenam potestatem omnibus attributam quaslibet opiniones cogitationesque palam publiceque manifestandi, conducere ad populorum mores animosque facilius corrumpendos, ac indifferentismi pestem propagandam.* — Denn es ist falsch, dass die staatliche Freiheit eines jeden Cultus und die Allen ertheilte Erlaubniss allerlei Meinungen und Ansichten laut und öffentlich bekannt zu geben, zur leichten Verderbniss der Sitten und Gemüther der Völker und zur Verbreitung der Pest des Indifferentismus führen.

*) Das Denken ist so gut wie jede andere menschliche Thätigkeit bestimmten Gesetzen unterworfen. Wo man sich im Namen der Gedankenfreiheit von diesen Gesetzen emancipirt, da wird im Allgemeinen Gedankenlosigkeit die Frucht dieser Emancipation sein, wie so viele Producte der Literatur und der Kunst in unseren Tagen, welche der viel gepriesenen Denkfreiheit ihr Dasein verdanken nur zu deutlich beweisen. So sind uns dieser Tage Verse zu Gesicht gekommen, in denen u. a. folgender blühende Unsinn zu lesen ist:

> Noch lebt er fort, der Gott der Deutschen,
> Noch scheint er hell, ihr alter Mond,
> Das deutsche Volk, es kann nicht sterben,
> Das deutsche Volk — es ist — zu blond!

Anm. des Herausgebers.

Physik, die Theologie, die Politik, Alles hat seine Zeit und wird es auch in der Zukunft haben.

Der Gesetzgeber kann der Poesie freien Lauf lassen, wenn man die Gottlosigkeit, die Obscönität und die Satyre strenge fern hält. *)

Vergebens sucht man die Satyre durch die Unterscheidung zwischen dem Autor und dem Menschen zu entschuldigen. Oft schlägt ein gegen den Autor geschleuderter Sarkasmus eine tiefe Wunde in dem Herzen des Menschen. Die Satyren Boileau's verwirrten Cassagne den Kopf. Wer könnte, mit einem Worte, einem für die Menschheit so unheilvollen Zug des Geistes Beifall zollen? Aber darf man sich nicht gegen den schlechten Geschmack erheben? Ja, aber mit vernünftigen und durch jene Artigkeit, welche Schriftstellern ziemt, wenn die Schriftsteller Ehrenmänner sein sollen, gewürzten Critiken.

Die Satyre kann nur da erlaubt sein, wo sie bloss das Laster oder das Lächerliche angreift, ohne Anspielung auf Personen.

Die Academien, in welchen man bloss gelehrte Forschungen treibt mit Medaillen, Alterthümern, Basreliefs, oder die mit schönen Wissenschaften, Geometrie, physikalischen Experimenten u. s. w. sich beschäftigten, müssen vom Gesetzgeber begünstigt werden. Das ist ein Mittel, viele Geister zu beschäftigen und selbst vermittelst der Uebung, welche diese Forschungen dem Denkvermögen verleihen, gute Geister zur Entfaltung zu bringen. Man darf indess diese Art von Instituten nicht allzu sehr vermehren, um sie nicht durch allzu zahlreiche Listen mittelmässiger Leute zu degradiren, und um nicht eine grosse Zahl von Personen von nützlichen Beschäftigungen abzuhalten, sofern sie in diesen mehr leisten könnten.

Man hat heute die Wuth, über alle Gegenstände der Politik zu schreiben. Jeder will seinen Traum haben und ihn erzählen. Was gewinnt man mit einem ziemlich schlechten Raisonnement über das, was die grossen Politiker des Alterthums oder früherer Jahrhunderte Gutes gethan haben? Die oberflächlichen, oft mit sehr gefährlichen Irrthümern vermischten Kenntnisse, die man durch die Lectüre jener politischen Romane erwirbt, werden niemals einen Staatsmann bilden, und vermehren nur die Zahl der Tadler, welche Alles schlecht finden. Die wahre Politik ist schon lange da. Sie kann nichts anderes sein, als die geradeste Moral auf die Regierung der Staaten angewendet.

Misstraut jedem Schriftsteller, der euch sagt: dieser Grundsatz ist nicht recht in der Moral, aber er kann es in der Politik sein. Der Schriftsteller, der so spricht, kann nur ein kleiner Geist sein, ein noch schlechterer Politiker als Moralist.

---

*) Der Verfasser scheint die politische Poesie, welche unter Umständen verheerend wirken kann, übersehen oder sie, soweit sie schädlich wirkt, unter die gottlose Poesie oder unter die Satyre subsummirt zu haben.

Es gibt immer müssige Geister in der Gesellschaft, und es gibt zuvielen literarische Streitigkeiten, die ihnen gerade recht kommen, um sie zu beschäftigen. Von dieser Art war der Streit über die Alten und über die Neueren, der Streit über die lebendigen Kräfte und dergleichen. Gute literarische Streitfragen sind diejenigen, wo das Für und das Wider für die Religion und für den Staat ebenso gleichgiltig sind. Eine kluge Regierung kann sie hervorrufen, nähren und passend aufeinanderfolgen lassen, indem sie Gegenständen eine Wichtigkeit beizulegen scheint, die im Grunde genommen nur durch die Unterhaltung interessiren, welche sie zu gewähren fähig sind.

Ganz anderer Art sind die Religionsstreitigkeiten. Man darf niemals erlauben, sie durch populäre Schriften vor den Richterstuhl des Publicums zu bringen. Es kommt aus diesen Schriften mehr Hitze als Licht. Uebrigens ist es nicht sehr schwer, diese Art von Streitigkeiten im Beginne zu ersticken, und es wird in jedem Lande, wo die Studien gehörig geregelt sind noch leichter sein, sie zu ersticken und ihnen sogar vorzubeugen.*)

Von den Familien.

Die Familien bilden den Staatskörper. Sie verdienen also die grösste Aufmerksamkeit von Seiten der Regierung.

Es gibt, so zu sagen, nationale und patriotische Familien. Es sind diejenigen, welche in gewisser Weise an den Boden des Landes gebunden sind, durch die Güter, die sie da besitzen, oder die sie bebauen, oder selbst durch die ununterbrochene Ausübung einer Kunst oder eines Handwerks, mit einem Worte jene, die vom Vater auf den Sohn gewisse Gemeinde-Rechte in dem Dorfe, in dem Flecken oder in der Stadt geniessen, der sie angehören.

Die grossen Städte und namentlich die Hauptstädte versammeln eine Menge Leute ohne bestimmten Character. Diese Art Leute sind nichts weniger als Patrioten, und die Bevölkerung, die aus ihnen hervorgeht, ist nicht diejenige, welche die Stärke der Staaten ausmacht.

Wenn diese Leute ohne bestimmten Charakter soviel Vermögen erwerben, dass sie eine Familie gründen können, bedarf es einiger Zeit, ehe diese

---

*) Vergleiche Seite 56 und 58 des I. und Seite 59 des II. Heftes dieses Werkes und die 79. Proposition des Syllabus, sowie die nachstehende Stelle aus der Encyclica vom 8. Dezember 1864: *Atque contra sacram Litterarum, Ecclesiae sanctorumque Patrum doctrinam asserere non dubitant,* „*optimam esse conditionem societatis, in qua Imperio non agnoscitur officium coercendi sancitis poenis violatores catholicae religionis, nisi quatenus pax publica postulet.*" — Und gegen die Lehre der hl. Schrift, der Kirche und der hl. Väter stehen sie nicht an, zu behaupten: „dass der beste gesellschaftliche Zustand derjenige ist, in welchem man die Staatsgewalt die Pflicht nicht zuerkennt, durch gesetzliche Strafen die Verletzer der katholischen Religion in Schranken zu halten, ausgenommen, wenn die öffentliche Ruhe es verlangen sollte."

neuen Familien die patriotischen Gesinnungen der alten Familien selbst unter dem gemeinen Stande annehmen.

Es ist also für den Staat nicht gleichgiltig, ob die alten Familien sich ruiniren und zu Grunde gehen, wenn er sich nur neue heranzieht, wie Melon meinte; die alte Familie gab dem Staate Bürger durch eine häusliche Erziehung, welche die patriotischen Gesinnungen vom Vater auf den Sohn vererbte. Wann wird diese Erziehung in der neuen Familie beginnen? Ich spreche hier nicht von der Familie eines Bürgers, welcher den Adel erwirbt. Die Familie des Bürgers ist dann neu hinsichtlich des Adels, aber sie ist nicht neu für den Staat, wenn sie nach dem oben Gesagten seit langer Zeit in demselben eingewohnt ist.

Die dem Staate vortheilhafte Bevölkerung ist jene, welche aus einer richtigen Verhältnisszahl nationaler und patriotischer Familien, sowohl adeligen als gemeinen, hervorgeht.

Die Gütergemeinschaft und die gleiche Theilung sind Chimären.*)

Die wünschenswerthe Gemeinschaft ist jene, die aus der Wohlthätigkeit hervorgeht, und sie wird sich überall herstellen, wo Religion und Sittlichkeit herrscht.

Die gleiche Theilung ist unverträglich mit der Ungleichheit der Talente und der natürlichen Eigenschaften sowohl als der Stände, und diese Ungleichheit ist in jeder Gesellschaft nothwendig.

Man muss also die Ungleichheit der Güter bestehen lassen, und man darf keine andere Gleichheit suchen, als die eines gerechten Verhältnisses in der Vertheilung. Die zu grosse Anhäufung von Domänen in einer kleinen Zahl von Familien richtet dieses gerechte Gleichgewicht zu Grunde, und ist ausserdem eine der Hauptursachen der Entvölkerung.

Das Haupt der Familie.

Es ist gerecht und unwandelbar gerecht, dass Alles in der Ordnung sei. Das ist die Grundlage und das Princip des Naturgesetzes.

Es muss also nach dem Naturgesetze eine Ordnung und folglich ein Haupt in der Familie geben; die Gewalt oder die Autorität des Familienhauptes ist also vom Rechte der Vernunft anerkannt, und dem Naturgesetze entsprechend.

Diese Autorität kann in Bezug auf die Frau, auf die Kinder, auf die Sklaven oder auf die Hausgenossen betrachtet werden.

Es hängt von der freien Einwilligung einer Frau ab, sich einen Gatten zu wählen, aber nicht, ihm die Autorität zu verleihen, die er in seiner Eigenschaft als Gatte hat. Die Einwilligung einer Frau ist nothwendig, um

---

*) Siehe die Hefte I und II unter Communismus.

einem Manne die Eigenschaft als Gatte zu geben, aber das auf die Nothwendigkeit der Ordnung gegründete Naturgesetz gibt ihm die Autorität, die er in seiner Eigenschaft als Gatte über die Frau besitzt, welche sich mit ihm verbunden hat.

Wenn man eine für sich bestehende, von jeder andern menschlichen Autorität unabhängige Familie annimmt, so verbindet sich die souveräne Gewalt nach dem Naturgesetze mit der Eigenschaft des Familienhauptes, denn die Familie ist eine Gesellschaft, und eine Gesellschaft kann nicht mit Ordnung bestehen ohne eine Autorität in letzter Instanz.

In den Familien, welche eine Staatsgesellschaft bilden, ist die souveräne Autorität an den Staat oder an sein Oberhaupt übergegangen, denn ohne das könnte die Ordnung, die erste Grundlage der souveränen Autorität, nicht unter diesen Familien bestehen.

Von da an kann das Familienhaupt nicht mehr die souveräne Autorität besitzen; es behält nur die einfache Autorität des Familienhaupts, deren Ausübung selbst den Staatsgesetzen unterworfen ist. Die Gewalt des Mannes über die Frau war bei verschiedenen Völkern und zu verschiedenen Zeiten mehr oder weniger ausgedehnt. Der Mann besass in Rom lange Zeit die Gewalt, seine Frau in gewissen Fällen mit dem Tode zu bestrafen. Diese Gewalt war damals durch das Gesetz verliehen, und der Gatte übte es folglich nur als Richter oder obrigkeitliche Person und nicht mehr als Souverän, wie er es im Naturstande üben konnte. Man wird vielleicht sagen, der Mann habe dieses Recht des Urzustandes behalten können; aber es ist klar, dass die Familienväter, als sie einen Staat oder eine bürgerliche Gesellschaft gründeten, nicht die Souveränetät behalten konnten, welche sie vor ihrer Vereinigung besassen. Und wenn sie einige Rechte derselben behalten haben, so konnte dies nur kraft der Gesetze des Vereins geschehen. Von da an gründet sich dieses Recht auf einen neuen Titel, das heisst, auf das ausdrückliche oder stillschweigende Zugeständniss des Gesetzes.

Gewisse Auctoren geben zu, dass die Verstossung in der katholischen Kirche durch die Gesetze der Religion verboten ist, und dass das genügen muss. Aber sie lassen es dahin gestellt sein, ob dieselbe nicht, abgesehen von der Religion für die Zwecke der Politik nützlich wäre und sie scheinen sich dieser Ansicht zuzuneigen. Sie gestehen, dass man in Rom Jahrhunderte hindurch, so lange nämlich Sittlichkeit dort herrschte, kein Beispiel einer Verstossung sah, obwohl die Verstossung gesetzlich erlaubt war. Resumirt man das Gesagte, so wird man zu dem Resultate kommen, dass die Verstossung bei einer sittlichen Nation mindestens unnütz ist (und es wäre leicht, zu beweisen, dass sie da nur schädlich sein kann, indem sie Neigungen begünstigt, welche durch die Unauflöslichkeit des Ehebandes in der Geburt erstickt würden), so dass bei einem verderbten Volke die Verstossung in gewissen Fällen einige Unzukömmlichkeiten verhüten kann; aber dann geht es wie mit jenen Arzneien, welche nur durch die allmälige Veränderung des Temperaments ein Uebel heilen. Man muss also die Corruption zu heilen und die Sittlichkeit wieder herzustellen suchen, und dann wird man alle die Vortheile der Unauflöslichkeit des Ehebandes fühlen. *)

Von der väterlichen Gewalt.

Die väterliche Gewalt ist in der Natur begründet und alle Völker haben sie anerkannt.

Gott, der Urheber der Natur, hat das Eheband eingesetzt, um das Menschengeschlecht fortzupflanzen. Der sittliche Mensch, welcher sein Verhalten nach dem Lichte der Vernunft und der Religion regelt, schliesst die Ehe nicht zu dem Zwecke, eine thierische Leidenschaft zu befriedigen; er macht es sich zum Hauptzweck, die Absichten des Schöpfers zu unterstützen, indem er Wesen seines Gleichen das Dasein gibt.

Das Kind wird in einem Zustande gänzlicher Schwäche und Ohnmacht geboren. Es kann nichts für die Erhaltung seines Lebens thun. Hat es der Schöpfer denn vergessen und ist dieses Kind unter der Herrschaft der Vorsehung in derselben Lage, als ob der Zufall bei seiner Geburt gewaltet hätte? Nein, die Vernunft macht es den Vätern und Müttern zur Pflicht, über die Erhaltung ihres Kindes zu wachen und die Liebe, welche die Natur ihnen zu den Früchten ihrer Vereinigung einflösst, ist ein' ebenso süsses als wirksames Mittel, um die Erfüllung dieser Pflicht zu sichern.

Das Kind, welches geboren wird, ist ein mit Vernunft begabtes Wesen. Aber die Vernunft entwickelt sich nur langsam und stufenweise; das Gefühl ist der Keim von Leidenschaften, die nur zu bald hervorbrechen, und die nicht ermangeln werden, das Licht der wachsenden Vernunft zu ersticken, wenn man nicht dafür sorgt, dieselben rechtzeitig zu unterdrücken. So wohnt also diesem Kind, sofern es ein mit Vernunft begabtes Wesen ist, ein natürliches Bedürfniss nach Unterweisung und Zurechtweisung inne, damit es lerne, seine intellectuellen Fähigkeiten zu pflegen und einen passenden Gebrauch für sich und für andere davon zu machen. Der Vater ist mit der Sorge dafür beauftragt, er hat daher nach der Anordnung Gottes die nöthige Autorität, sich dieser Aufgabe zu entledigen.

Das Kind, welches geboren wird, ist ein geselliges Wesen. Es ist nicht geschaffen, alsbald auf Nahrung auszugehen, sobald es auf allen Vieren krie-

---

*) Hieher gehört die 67. Propos. des Syllabus: *Jure naturae matrimonii vinculum non est indissolubile, et in variis casibus divortium proprie dictum auctoritate civili sanciri potest.* Nach dem Naturrecht ist das Eheband nicht unauflöslich und in verschiedenen Fällen kann die Ehescheidung im eigentlichen Sinne durch die weltliche Behörde rechtsgiltig ausgesprochen werden. Vergl. S. 40—43, I. Heft der Brochüre: „Der Papst und die modernen Ideen."

chen kann. Es ist bestimmt, die Bande zu pflegen, die es an Seinesgleichen knüpfen. Welche Bande sind aber natürlicher, als jene, die das Kind an seinen Vater, seine Mutter, seine Brüder knüpfen? Das ist der erste Platz, den Gott ihm in der Gesellschaft angewiesen hat, ein Platz, der von seiner Seite die passende Abhängigkeit vom Familien-Oberhaupt erfordert, um zu der Ordnung mitzuwirken, die in der Familie herrschen muss.

Die Autorität der Väter über ihre Kinder ist also in der Ordnung der Natur selbst begründet, da die Vorsehung sie eingesetzt hat, um Ihresgleichen das Leben zu geben, um sie zu erziehen und um die Vorsehung in der Regierung der Familie, der ersten und natürlichsten aller Gesellschaften, zu vertreten.

Im Naturstande besass das Haupt der Familie die souveräne Autorität in der Familie, wie bereits bemerkt wurde.

Dieses Recht konnte weder noch durfte es seit der Errichtung der bürgerlichen Gesellschaften fortbestehen. Inzwischen verlieh das Gesetz in mehreren Staaten den Vätern noch eine sehr ausgedehnte Gewalt über ihre Kinder, nämlich die Gewalt, sie zu verkaufen oder sie sterben zu lassen; man muss jedoch gestehen, dass es nur zu leicht ist, diese Gewalt zu missbrauchen und es ist gut, dass das Leben und die Freiheit des Kindes unter dem Schutze der Gesetze gesichert sind.

Man könnte aber die Vernichtung der väterlichen Gewalt eben sowenig billigen. Es gibt einen Mittelweg zwischen den Extremen. Es ist für jede Art von Staaten gut, dass die väterliche Gewalt hinreichende Rechte behält, um die Kinder im Zaume zu halten, ihnen Achtung und Furcht einzuflössen.*)

Vom Verfall der Staaten.

Es ist unzweifelhaft, dass die Sittenverderbniss, die Irreligiösität und die Laster, welche sie begleiten, die unheilvollsten Geisseln der Gesellschaft, die Hauptursachen des öffentlichen Elends und die Vorläufer des Verfalls der Staaten sind.

Rom war tugendhaft und blühend zur Zeit des Polybius, und dieser grosse Mann sagte seinen künftigen Verfall nur in der Voraussicht und mit Andeutung der Folgen und der Fortschritte der Corruption voraus, die es dahin führen mussten.

Rom verdankte zum grossen Theile den weisen Einrichtungen seiner Regierung die bürgerlichen Tugenden, die es zur Zeit des Polybius hatte, und welche seinen Bestand, seine Kraft und sein Glück sicherten, so lange es sie zu bewahren wusste.

Wenn Rom die Tugenden seiner Regierung nicht allmälig hätte abstumpfen lassen, würde die Weisheit seiner Gesetze es vor der Ansteckung

---

*) Vgl. Walter, Naturrecht und Politik. §. 142—148.

des Lasters gesichert haben. Das Laster siegte erst, nachdem es die Einrichtungen untergraben hatte, welche der Tugend als Schutzwall dienten.

Glücklich die Verfassung der Monarchie, wo der Souverän es immer in der Hand hat, jene heilsamen Einrichtungen, welche die Tugend unterstützen oder wieder aufleben lassen, selbst mitten in der Verderbniss einzuführen oder wiederherzustellen.

Wir wagen hier einzig und allein in guter Absicht einige Gedanken kund zu geben, welche wir ganz aufrichtig dem Urtheil besser unterrichteter und aufgeklärterer Personen unterwerfen.

Unter die Quellen der Laster und des Elends der Gesellschaft kann man die allzugrosse Ungleichheit der Reichthümer, den Müssiggang der Reichen und den Müssiggang der Armen zählen: den Geist der Irreligion, den Mangel einer genauen und strengen Beobachtung der distributiven Gerechtigkeit, sei es in den Belohnungen, sei es in den Strafen, namentlich in Bezug auf die verschiedenen Arten von Verschlechterung, welche ein sehr verderbliches Beispiel geben, und doch der Einschränkung durch die Gesetze nicht unterworfen sind.

Die Ungleichheit der Reichthümer ist ein Gut: die allzugrosse Ungleichheit ist ein Uebel. So werden Dinge, welche gut und heilsam sind, wenn sie auf gerechte Grenzen beschränkt werden, schlecht und verderblich, wenn sie bis zum Uebermass gehen.

Die allzugrosse Ungleichheit ist eine fortwährende Ursache der Entvölkerung, und ausserdem hat der übermässige Reichthum einer Anzahl von Privatleuten beständig das schrecklichste Elend der Mehrzahl im Gefolge. Das ist eine erfahrungsmässige Wahrheit, und es ist nicht nöthig hier die Gründe davon auseinanderzusetzen. Da wird der Staat eine Beute der launenhaften Einfälle der Ueppigkeit und der schwarzen Sorgen des Elends. Daraus entsteht ein Gemisch von Lastern, welche theils Weichlichkeit athmen, theils den Charakter der ungeberdigen Wildheit tragen.

Aber was gibt es für ein Mittel gegen diese allzugrosse Ungleichheit? Soll man den Reichen nehmen was sie zu viel haben, um es denen zu geben, welche nichts haben? Das verhüte Gott, dass man irgend Jemanden dessen beraube, was er rechtmässig erworben hat. Es wäre ein grosser Irrthum zu glauben, man könne die Wohlfahrt der Staaten durch die Verletzung der Gerechtigkeit sichern, welche die Grundlage des öffentlichen Vertrauens und das festeste Band der Gesellschaft ist.*)

Aber man kann Gesetze geben, welche ohne die Gerechtigkeit zu verletzen die Unzukömmlichkeiten der allzugrossen Ungleichheit verbessern.

---

*) Möchten das die Anhänger des Communismus und Socialismus, möchten es aber auch alle Jene beherzigen, welche vielleicht zum Theil in gutem Glauben den Staat durch die Beraubung der Kirche zu retten wähnen. Anm. d. Herausgebers.

Es ist im Interesse des Staats, dass die guten und alten Familien fortbestehen. Der patriotische Geist pflanzt sich in denselben gewöhnlich durch eine Art häuslicher Ueberlieferung vom Vater auf den Sohn fort; sie sind anhänglicher an den Boden, der sie schon so lange trägt. Die Wurzeln des Baumes gewinnen an Ausdehnung und Festigkeit, je mehr er Zweige treibt.

Ein Bettler, der sich plötzlich entweder durch glückliche Diebsgriffe oder durch eine Laune des Schicksals emporschwingt, wird im Allgemeinen nicht die Gesinnungen eines Abkömmlings jener achtungswerthen Geschlechter haben, welche durch die Dienste glänzen, die sie dem Staate geleistet.

Mit Unrecht behauptet Melon in seiner Skizze über den Handel, einem sonst in mancher Beziehung achtungswerthen Werke, um den Luxus zu begünstigen, es liege nichts daran, ob ein Privatmann sich wegen einer dummen Eitelkeit ruinire, wenn Andere aus den Trümmern seines Vermögens Nutzen ziehen. Dieser gewiss sehr schlechte Grundsatz zeigt, dass die Handelspolitik nicht immer die geeignetste für die Regierung der Staaten ist.

Die Gesetze haben also sehr weise daran gethan, dass sie in der Absicht, die Familiengüter zu erhalten, das Recht der Erstgeburt und die Fideicommisse eingeführt haben. Aber sollte es mit diesen Gesetzen sich nicht verhalten, wie mit so vielen andern Dingen, welche aufhören gut zu sein, wenn man nicht dafür sorgt, sie in gerechten Grenzen zu halten?

Ich nehme an, dreissigtausend Silberstücke (deren Werth man nach Zeit und Ort beliebig bestimmen mag) seien ein genügendes Einkommen, um eine Familie in allem ihrem Stande zukommenden Glanze, selbst im ersten Rang zu erhalten. Könnte man nun nicht ein Gesetz geben, welches bestimmte, dass die für die Primogenitur bestimmten Fonds ein Einkommen von 30.000 Silberstücken nicht übersteigen dürfen und dass folglich, wenn ein Ueberschuss von Fonds vorhanden wäre, dieser mit den andern Brüdern getheilt werden müsste? So würde ein Vater, der ein Einkommen von 90.000 Silberstücken und drei Söhne hätte, zunächst dem ältesten Sohne 30.000 Stück als Erstgeburtsrecht hinterlassen und der Rest des Fondes im Betrage von 60.000 Stücken würde zu gleichen Theilen unter den drei Brüdern getheilt werden, so dass die beiden jüngeren jeder 20.000 Silberstücke Revenuen erhielten, während der älteste 50.000 hätte. Unter dieser Voraussetzung könnten die beiden jüngeren heirathen und neue Linien gründen.

1. Es scheint, dass durch dieses Mittel jeder Vereinigung allzu vieler Grundstücke in Eine Hand vorgebeugt werden könnte, und zwar ohne die Gerechtigkeit zu verletzen, ja sogar auf eine der Stimme der Natur entsprechende Weise; denn während man dem Aeltesten einen Vorzug liesse, würde man die Familiengüter unter Brüdern theilen, welchen die Natur ein gleiches Recht auf sie zu geben scheint.

2. Würde man besser für die Erhaltung der Familie sorgen. Man sieht nicht selten sonst sehr reiche Familien aussterben, weil die jüngeren Söhne nicht in der Lage waren zu heirathen.

3. Würde man die Zahl der Eigenthümer und als nothwendige Folge auch die der Landbebauer vermehren. Es ist gewiss, dass tausend Joch Boden, unter zehn Eigenthümern vertheilt, durch eine grössere Zahl von Armen und folglich besser bebaut werden, als wenn sie in Einer Hand vereinigt wären. Das ist eine reichliche Quelle für den Unterhalt einer nützlichen Bevölkerung.*)

Jedes Land, welches die Vertheilung von Grund und Boden unter eine grössere Zahl von Eigenthümern begünstigt, unbeschadet der Gerechtigkeit und jener nicht bloss unvermeidlichen, sondern wünschenswerthen Ungleichheit, welche dem Unterschiede des Ranges und des Standes, der Arbeit und der Industrie und den verschiedenen Fällen entsprechen muss, wo die Erbschaft nach den Gesetzen der Gerechtigkeit getheilt oder vereinigt werden muss, jedes Land, sage ich, welches also constituirt ist, wird gewiss bevölkert sein. Wenn man ausserdem dafür sorgt, den inneren Handel und den Austausch der Lebensmittel und der Erzeugnisse zwischen den einzelnen Provinzen zu begünstigen, wird die Bodencultur zunehmen und die nothwendigen Gewerbe werden sich vermehren. Man wird eine starke Consumtion, viel Arbeit zur Befriedigung der Consumtion und folglich viele nützlich beschäftigte Menschen und Arme haben.

Ein solches Land wird gewiss mehr und nützlichere Menschen und mehr wirkliche Kraft haben, als in den Staaten, die sich nur durch den aus-

---

*) Es dürfte nicht ohne Interesse sein, hier anzuführen, was die weltliche Regierung der Päpste in dieser Richtung gethan hat. In den letzten Pontificaten war die Aufhebung der Feudalität von vielfachem Nutzen, auch mehrte sich die Zahl der kleinen Grundbesitzer bedeutend. Gregor XVI. vertheilte, wie man bei Hergenröther (Der Kirchenstaat seit der französischen Revolution, S. 126) liest, in der Mark Ancona einen Grundbesitz im Werthe von drei Millionen Scudi an kleine Oeconomietreibende; auch entstanden Ackerbaugesellschaften und andere Institute, die besonders auf die Theilung allzu grosser und wegen ihrer ungeheuren Ausdehnung ungenügend bewirthschafteter Gütercomplexe des Adels und der Corporationen u. s. f. hinzuwirken suchten. Dr. Scharpff (Die Entstehung des Kirchenstaates, S. 32) macht darauf aufmerksam, dass Papst Gregor der Grosse wohl der Erste im Abendlande ist, der sich als ein Freund des Bauernstandes und dessen Emancipation bewiesen hat. Er verkleinerte die Abgaben desselben, sorgte dafür, dass sie in keiner Weise übervortheilt würden, und liess seine Bestimmungen zu Gunsten der Bauern aufsetzen und unter sie vertheilen, damit sie die eingeräumten Vortheile auch nach seinem Tode behielten. Die Geschichte erzählt von der Förderung des Ackerbaues durch die früheren Päpste, von ihren weisen Gesetzen, ihren Versuchen, die Campagna zu bevölkern und zu cultiviren u. s. f. Lauter Beweise, dass die von den Päpsten vertretenen politischen Principien kein Hinderniss gegen eine gute Regierung sind, und dass vielmehr eine wahrhaft christliche Politik dem Wohle des Staates förderlich ist.

wärtigen Handel mit Luxusgegenständen zu bereichern trachten. Die Zahl der Leute, welche der Handel bereichert, ist immer sehr klein im Vergleich mit der sehr grossen Zahl von Leuten, namentlich auf dem Lande, für welche nichts dabei abfällt.

In einem durch den Luxushandel bereicherten Staat ist es nicht unmöglich einige grosse Städte in allem Glanze des Reichthums strahlen zu lassen, während ein schreckliches Elend die Provinzen verheert. Es ist also ein unverzeihlicher Irrthum für einen Staatsmann, das Vermögen der mit Luxus Handeltreibenden mit der Wohlfahrt des Staates zu verwechseln. *)

Ein Staat, welcher sich durch die Mittel bevölkert, die wir angegeben haben, wird seine Sittlichkeit länger bewahren und die Sittlichkeit wird in demselben die Liebe zur Arbeit und die Tugenden erhalten, welche in ihrem Gefolge sind.

Italien und Gallien waren ehedem in eine sehr grosse Zahl kleiner Republiken und freier Territorien getheilt, und zu dieser Zeit waren sie immer am meisten bevölkert. Daraus haben einige Schriftsteller nicht ermangelt den Grundsatz zu ziehen: die republikanische Freiheit ist die Mutter der Bevölkerung, und diese Schriftsteller haben für grosse Politiker gegolten. Sie haben übersehen, dass in kleinen Republiken das Territorium nothwendig unter einer grossen Zahl von Eigenthümern verhältnissmässig vertheilt war und dass also, während Italien und Gallien aus einer grossen Zahl kleiner Republiken bestand, die Zahl der Eigenthümer und folglich auch nach den Principien, die wir aufgestellt haben, die Bevölkerung, so gross als möglich war. Diese Bevölkerung rührt nicht von der Verfassung des republikanischen Staates, sondern von der grösseren Vertheilung des Bodens her, welche die Wirkung der Vertheilung eines ganzen Landes in kleine Republiken war. Das ist das Sophisma: *non causa pro causa.* Eine Lanzette sticht; eine Lanzette ist von Stahl: also sticht der Stahl von Natur aus.

Der Müssiggang.

Der Müssigang des Reichthums erzeugt ein geschäftiges Nichtsthun, Indolenz, Schwelgerei, Verachtung des Anstandes, Stolz, Herzenshärte, übermässige Vergnügungssucht, Hass der Arbeit und der Ordnung, frevelhafte Reden über Alles, was dem Menschen heilig ist, und die Laster, die aus der Weichlichkeit und der Frivolität entstehen.

---

*) So verhält es sich z. B. mit dem sogenannten Nationalreichthum Englands, welcher in den Händen einer verhältnissmässig beschränkten Anzahl von Grundbesitzern, Industriellen und Kaufleuten concentrirt ist, während ein grosser Theil des Volkes im tiefsten Elende schmachtet, mit welchem der Reichthum Jener zu theuer erkauft ist. Anm. d. Herausg.

Müssiggang im Elend erzeugt Verwilderung, Diebstahl, blutige Streitigkeiten, Neid und die Verbrechen, welche aus demselben folgen.

In einem Staate, welcher so eingerichtet ist, wie wir gesagt haben, wird der Wohlstand allgemeiner, aber nach der Verschiedenheit des Ranges und der Stände verschieden sein, es wird weniger Reichthum und weniger Elend und folglich weniger Müssiggang geben.

So gut eingerichtet und so wohlgeordnet eine Gesellschaft auch sein mag, wird man doch nicht verhindern können, dass es Arme gibt, und der Stand der Armen verdient die grösste Aufmerksamkeit.

Es gibt Bettler aus Faulheit und Bettler aus Noth. Die erstern sind nur so weit bedürftig, als sie selbst wollen; die Andern sind arm, weil sie nicht in der Möglichkeit sich befinden, sich die nothwendigen Mittel zum Unterhalt zu verschaffen.

Jeder Mensch, jeder Christ hat die strengste Pflicht, den wahren Armen mit seinem Ueberfluss beizuspringen. Das ist der ausdrückliche Befehl Jesu Christi: Was ihr übrig habt, das gebt den Armen. Wehe dem harten Herzen, wehe dem Politiker, welcher gegen die Gesetzgebung dessen zu murren wagt, der die Menschen gemacht hat.

Es wurde gesagt, in der Politik machen zwei und zwei nicht immer vier; es wurde gesagt, die Erwerbung einiger Landstriche vermehre nicht immer die Macht, *) könnte man nicht auch sagen, die Vermehrung der Ziffer sei nicht immer eine wirkliche Vermehrung des Reichthums und der Stärke? Die Holländer haben sich furchtbar gemacht, so lange sie arbeiteten, um ihre Freiheit zu sichern, ihren Handel auszudehnen und grosse Reichthümer zu erwerben. Sind sie noch eben so mächtig, seit sie ihr Ziel erreicht haben und ihre Reichthümer im vollen Masse geniessen, als zu der Zeit, da sie noch arbeiteten, ihn zu erwerben? Könnte man nicht sagen, in diesem Falle sei die Arbeit und die Thätigkeit der Völker an und für sich mehr werth, als der Reichthum, der ihr Gegenstand war? Und könnte man nicht daraus den Schluss ziehen, dass die Politik der Thätigkeit ein Ziel vorzeichnen müsse, nach dem man immer streben muss und welches also geeignet ist, die Anstrengungen derselben zu unterstützen und zu wecken?

---

*) So mochte man in dem italienischen Besitze Oesterreichs eher eine Schwächung als eine Stärkung seiner Macht erkennen, weil Oesterreich mit diesem Besitze nichts Rechtes anzufangen wusste, weil ihm das Bewusstsein fehlte, dass Gott ihm denselben gegeben, um ihn zum Schutze der Kirche und des Papstes zu benützen, weil es sogar Zeiten gab, wo es daran dachte, sich auf Kosten des Papstes zu vergrössern. Man denke an Ferrara und Comachio, an 1814 und 1847.

Schluss des Verfassers.

Die Principien, welche wir zu begründen versucht haben, sind, wenn man sie ohne Vorurtheil erwägen will, dem Wohle der Gesellschaft eben so günstig, als der Aufrechthaltung der Rechte der Regierung. Nichtsdestoweniger verletzt heutzutage die Idee einer souveränen Autorität, einer auf das Naturgesetz und auf die von Gott eingesetzte Ordnung gegründeten öffentlichen Gewalt viele Geister, die nur Freiheit und Gleichheit athmen und die nur mit Ungeduld das Joch der rechtmässigsten Unterordnung ertragen, einen angeblichen Zustand natürlicher Unabhängigkeit zurückführen möchten, welcher eine Geissel der Gesellschaft wäre, wenn man ihn je realisiren könnte. Die stärkste Waffe, deren sie sich bedienen, um Alles niederzuschlagen, was die Vernunft und die Religion einstimmig zu Gunsten der unverletzlichen Rechte der souveränen Autorität dictiren, besteht darin, dass sie alsbald über Schmeichelei und Interesse schreien, und gegen Alle ohne Unterschied, die es unternehmen, ihre Vorurtheile zu bekämpfen, diesen Vorwurf erheben. Rousseau ruft irgendwo aus: Das Volk verleiht keine Pension! Das ist für viele Leute ein entscheidendes Wort, welches auf die überzeugendste Art beweist, dass man nur aus Schmeichelei oder Interesse die Feder gegen ihn ergreifen konnte. Es ist eine Forderung der Billigkeit, solche verläumderische Zumuthungen zurückzuweisen, durch die man sich bemüht, Theologen, gleich achtungswerth durch ihre Kenntnisse wie durch ihre Frömmigkeit, in den Augen der Menge zu brandmarken und in Misscredit zu bringen.

Der heilige Paulus hat bekanntlich gelehrt, dass alle Gewalt von Gott komme und dass sich derjenige, der sich der Gewalt widersetzt, der Anordnung Gottes widersetze. Die Nachfolger der Apostel, die Väter der Kirche haben diese Lehre von einem Zeitalter auf das andere fortgepflanzt und haben Sorge getragen, die Gläubigen durch Predigt, Schrift und Beispiel in derselben zu unterrichten. Constantius, obwohl ein Verfolger des Glaubens von Nicaea, fand in der Kirche eine unverletzliche Treue; Julian, der sich bemühte, das Heidenthum wieder herzustellen, fand die Christen darum nicht weniger treu, noch weniger eifrig in seinem Dienste.

Die Apostel und die ersten Christen waren, da sie die Unterwerfung unter die obrigkeitliche Gewalt predigten, nicht durch die Furcht geknechtet, noch von Schmeichelei oder Interesse geleitet. Sie sahen nur zu gut, dass ihr Gehorsam und ihre Treue sie nicht gegen die Verfolgungen und Leiden schützten, welche ihre unverletzliche Anhänglichkeit an die Religion ihnen zuzog. Es ist klar, dass das Interesse nicht die Triebfeder von Leuten war, welche für die Sache Gottes ihr Leben hingaben und welche, während sie die gewissenhafteste Unterwerfung in Allem, was zur weltlichen Ordnung gehörte, empfahlen und übten, sich einzig und allein weigerten, sich zu einem gottlosen Cultus herbeizulassen, was hingereicht hätte, um die Gnade und Gunstbezeugungen der Herren der Erde auf sie herabzuziehen.

Diese Lehre verdankt also ihren Ursprung weder der Furcht, noch der Schmeichelei, noch dem Interesse. Sie geht bis auf die Apostel zurück und bildete einen Theil ihrer Lehren. Ein so erhabener Ursprung konnte und musste ihr zu allen Zeiten Vertheidiger erwecken. Man konnte daher nicht ohne offenbare Ungerechtigkeit alle diejenigen, welche die Apologie derselben unternommen haben, ohne Unterschied beschuldigen, ihre Feder der Schmeichelei und dem Interesse verkauft zu haben, als ob die Anhänglichkeit an die alte Lehre nicht an und für sich ein hinreichend mächtiger Beweggrund wäre, um diejenigen, die sich zu ihr bekennen, zu veranlassen, dieselbe zu stützen und zu vertheidigen. Das hat unter andern der berühmte Bossuet in seinem Buche über die Politik, gezogen aus der heiligen Schrift, gethan. Warum wollte man behaupten, dieses Werk sei eher die Frucht des Ehrgeizes eines Hofmannes, als ein Denkmal der Ueberzeugung des Theologen? Umsomehr als der Verfasser keine der Pflichten derjenigen, welchen Gott die Gewalt nicht in ihrem Privatinteresse, sondern zum Vortheile der Völker verliehen hat, die er ihrer Leitung unterworfen, verschweigt oder verhehlt.

Nichts trägt weniger den Character der Schmeichelei an sich, als die Unterweisung für einen Fürsten vom Abbé Duguet. Man weiss, dass dieser Mann nie ein Höfling war. Dieses Buch könnte durch den Umfang und durch die Strenge der Pflichten, die es enthält, die Souveräne erschrecken, wenn die Grossartigkeit der Motive, die es darbietet, nicht geeignet wäre, ihnen gleichzeitig allen Eifer, allen Muth einzuflössen, welche nothwendig sind, um sie würdig zu erfüllen. Man sah Schriftsteller von demselben Schrot und Korn die Rechte der öffentlichen Gewalt in derselben Zeit kräftig unterstützen, wo sie aus Gründen, die nicht hieher gehören, nur ihre Strenge erfuhren. Ich führe sie nur an, um mit der letzten Evidenz zu zeigen, wie Unrecht man daran thut, denen, die kein Bedenken tragen, jede Empörung gegen die öffentliche Gewalt offen zu missbilligen, gewinnsüchtige Absichten vorzuwerfen. Dieser Vorwurf ist heutzutage weniger begründet als je. Der Unglaube macht Fortschritte, der Geist der Irreligiösität ist dem Staate nicht minder feindlich als der Kirche, und nagt, nachdem er das Joch der religiösen Autorität abgeschüttelt hat, ungeduldig, voll Galle und Bitterkeit an dem Zügel der weltlichen Gewalt. Die Erzeugnisse des Unglaubens sind nicht selten, sie vermehren sich täglich und werden nur zu sehr verbreitet. Diese verderblichen Erzeugnisse erkennen nur eine Freiheit, welche keine Grenzen kennt und gegen Alles, was den Menschen heilig ist, eine beleidigende Verachtung zur Schau trägt. Die Ungleichheit, welche die Ordnung in jeder Gesellschaft fordert, wird da als ein barbarisches Recht dargestellt, und diese, von einer berühmten Körperschaft in einer These verurtheilte aufrührerische Maxime ist in einem Werke wieder erschienen, welches ein Schatz aller menschlichen Kenntnisse sein soll. Man hat ausserdem gedruckt, die Mehrzahl der Gesetze, durch welche die Völker bis auf diesen Tag regiert wurden, seien meist nur das Werkzeug der Gewalt zur Unterdrückung des Schwachen gewesen.

Man möchte vielleicht glauben, es gebe keine Regierung, die nicht darüber wache, dass diese scandalösen Autoren unterdrückt werden, und diejenigen ermuthige, die es unternehmen, sie zu widerlegen. Man würde sich täuschen. Die Schriftsteller, welche die Irreligiösität und die Unabhängigkeit predigen, finden die günstigste Aufnahme bei vielen Leuten, die sich's zur Ehre rechnen, sie für die Anstrengungen zu bezahlen, die sie machen, um die Grundlagen ihrer Grösse zu ruiniren. Der berühmteste und zugleich der gefährlichste dieser Schriftsteller rühmt sich irgendwo, dass er zwanzig Souveräne unter seinen Schülern zähle.

Dieses wunderbare Ansehen in einer so schlechten Sache könnte einem Wunder gleichen, wenn man die Triebfeder und die Mittel nicht kennen würde, denen sie ihre traurigen Erfolge verdanken.

Man findet in mehreren ihrer berühmtesten Bücher Alles, was am meisten geeignet ist, den Neigungen der verderbten Natur zu schmeicheln und sie zu reizen, Alles, was eine verführte und ränkevolle Vernunft ersinnen kann, um die Gewissensbisse zu ersticken oder zu übertäuben und die Schlechtigkeit sicher zu machen und die Zügellosigkeit des Geistes und des Herzens gegen die heilsamen Schranken der Religion zu beruhigen.

Um diese Aufgabe zu erfüllen, brauchen sie sich weder in die Gegenstände, deren Behandlung sie unternehmen, zu vertiefen, noch die Leser durch gelehrte Untersuchungen, durch tiefe Discussionen, durch das mühsame Unterwerfen des Geistes unter ein methodisches und folgerichtiges Raisonnement zu ermüden. Das Talent, angenehm zu schreiben, ersetzt bei ihnen Alles und sie haben nicht die Klugheit besessen, den Vortheil zu verschweigen, den sie aus ihrer Geschicklichkeit ziehen, das Lächerliche an die Stelle der Vernunft zu setzen. Indem ihre Bücher so über alle Gegenstände der Religion, der Politik, der Philosophie, des Handels, der Gesetzgebung hinstreifen, scheinen sie Schätze von Kenntnissen zu enthalten, welche Jedermann offen stehen. Man verkostet, wenn man sie liest, die doppelte Befriedigung, dass man sich angenehm unterhält und gleichzeitig sich zu belehren und was noch mehr ist, als starker Geist denken zu lernen glaubt. Solche Werke müssen nothwendigerweise vielen Leuten gefallen und ihren Verfassern eine rasche Beliebtheit eintragen. *)

Diese Berühmtheit steigt bald durch das Lob, das sie sich gegenseitig mit übermässiger Grossmuth und Dankbarkeit spenden, welche keine Grenzen

---

*) Wo könnte man eine treffendere und erschöpfendere Characteristik der französischen Encyclopädisten finden, als in den voranstehenden Sätzen des gelehrten Cardinals?
Anm. d. Herausgebers.

kennt. Diese Lobeserhebungen, welche die Echos der Literatur in ihren periodischen Ankündigungen treulich wiederholen, gelangen rasch von einem Ende Europas bis zum andern und erschallen selbst in den Palästen der Könige. *) Es schmeichelt der Eitelkeit, der Lieblingsleidenschaft der Grossen, durch eine erklärte Protection an dem Verdienste dieser grossen Männer theilzunehmen, in deren Händen Ruhm und Berühmtheit zu liegen scheint. Sie bedenken nicht, dass das Geschrei der Menge die Stimme des Weisen eine Zeitlang ersticken kann, aber dass diese am Ende sich geltend macht, und dass es keinen dauerhaften Nutzen gibt, als den, der auf ihr Urtheil sich stützt.

Und doch ist es diese Art von Eitelkeit, welche meistens den Geist der Grossen zu Gunsten der vorgeblichen Philosophen stimmt. Aber man muss gestehen, dass diese ihrerseits alle Kunst, alle Geschicklichkeit besitzen, welche nothwendig sind, um eine so wichtige Stimmung zu cultiviren. Indem sie eine stolze Verachtung der Grösse zur Schau tragen, unterlassen sie es nicht, Persönlichkeiten, welche die höchsten Stellen einnehmen, ihren Weihrauch zu streuen und nehmen sich vor, sich dafür schadlos zu halten, indem sie dieselben nach ihrem Tode oder nach dem Verluste ihrer Gnade zerzausen, um den neuen Grössen dafür besser den Hof machen zu können. Dieses Verfahren erreicht seinen Zweck, die Grossen sprechen bei sich selbst, ohne es gewahr zu werden: Diese so stolzen und so spröden Männer würden sich nicht herablassen, einen Grossen zu loben, wenn die Ueberlegenheit meiner Verdienste sie nicht zur Anerkennung derselben bewegen würde! und sie wissen ihnen Dank dafür, dass sie sich nicht gegen die Wahrheit sträuben und gerecht sind. Uebrigens haben sie keine Ahnung davon, dass Leute, die ihnen eine eifrige Zuneigung bezeugen, im Stillen daran arbeiten, die Bande der Subordination zu zerstören, und ohne weitere Prüfung betrachten sie Alles, was man sagen könnte, um sie zu enttäuschen, als falsche Alarmrufe eines abergläubischen Fanatismus.

So haben die angeblichen Philosophen das Geheimniss gefunden, die Menge und die Grossen zu gewinnen, die Menge, indem sie alle Rechte der Freiheit gegen die Unterdrückung der Tyrannei zu unterstützen scheinen; die Grossen, indem sie ihrer Eitelkeit schmeicheln, da sie die Kunst verstehen, das Lob, welches sie nur den hohen Herren spenden, auf das persönliche Verdienst zurückstrahlen zu lassen.

Jene dagegen, die aus Anhänglichkeit an die alte Lehre fortfahren, in ihren Schriften die von Gott für die Regierung der Gesellschaft eingesetzte Ordnung zu vertheidigen, finden keine so günstige Aufnahme weder bei den Völkern noch bei den Grossen. Zunächst wird man durch die Behauptung

---

*) *Tout comme chez nous.* Man schreibt das Lob eines Wiener Liberalen in die Londoner „Times" und aus dieser drucken es dann die Wiener Blätter mit einer so unbefangen jubelnden Miene ab, als hätte erst die „Times" diesen grossen Mann und seine Verdienste entdeckt.   Anm. d. Herausgebers.

gegen sie eingenommen, dass sie nur in Vorurtheilen befangen, nichts Neues, noch der Aufmerksamkeit eines Mannes von Geschmack Würdiges vorbringen. Uebrigens arbeiten sie, meist vereinsamt und nur mit ihrem Gegenstande beschäftigt, für die Gewalt, ohne dass die Gewaltigen sie kennen.

Nun ist es aber nicht die Gewalt der Idee, welche Gnaden und Pensionen spendet. Die Gewaltigen sind es, die sie vertheilen und es ist nichts Seltenes, dass ihre Gunstbezeugungen eher jenen zufallen, welche zu gefallen wissen, als Jenen, die sich nur verdient zu machen wissen.

Das Vorurtheil der Welt für diesen Schwarm von Schöngeistern ist zu stark, die Intriguen oder die Schritte ihrer Freunde sind so wirksam, dass einer der berühmtesten unter ihnen, nachdem er die rohesten und gröbsten Schmähungen gegen das Königthum ausgestossen, doch von einem grossen König eine Pension erlangte.

Die Jahrbücher unserer Zeit werden von den Vertheidigern der Religion und der Gesetze nichts Aehnliches zu berichten haben. Ihre Werke, obwohl in jeder Beziehung — das Talent, lachen zu machen, ausgenommen — viel höher stehend, haben das Loos, welches jene erwartet, die in einem frivolen Jahrhundert, wo man die Urheber des empörendsten Paradoxon mit dem Namen Philosophen geschmückt hat, die Sprache der Vernunft sprechen.

Sehr mit Unrecht schreibt man also den Theologen, die noch den Muth haben, den Anregungen ihres Gewissens zur Vertheidigung der Grundsätze einer Religion zu folgen, welche durch die Pflichten, die sie den Völkern vorschreibt, die Sicherheit der Könige bildet und die Völker durch die Pflichten beglückt, die sie den Königen vorschreibt, gewinnsüchtige und eigennützige Absichten zu.

Diese Theologen wären sehr dumm und sehr ungeschickt, wenn sie die Hindernisse nicht sehen würden, die sie selbst ihrem Glücke in den Weg legen (wenn sie durch eine so geringfügige Sache in Versuchung geführt werden könnten), indem sie gegen die Ideen so vieler angesehener Personen verstossen, die den Thronen am nächsten stehen und sich ein Verdienst daraus machen, Alles, was den Namen eines Philosophen trägt, zu protegiren.

Trotz dieser Preisgebung, trotz der Spöttereien und der Verfolgungen oder der Sticheleien der Freigeister erweckt die Religion der Wahrheit auch heute noch Vertheidiger und wird sie ihr immer erwecken. Es wird kein grosses Unglück für sie sein, wenn sie keinen Theil an den zeitlichen Vortheilen haben. Ein Unglück wird es für diejenigen sein, welche nicht auf sie hören. Ein Politiker hat gesagt, es seien nur noch diejenigen Revolutionen zu fürchten, welche durch neue Grundsätze verbreitet werden, die allmälig ein grosses Volk für sich gewinnen und seine Denkungsart ändern. Während das Feuer noch unter der Asche glimmt und nur einige Funken sprüht, erschrecken nur einige Verständige und man lacht über ihren Schrecken. Das Uebel kommt erst zum Ausbruch, wenn es keine Hilfe mehr gibt. Cicero, welcher den Politikern Unterricht ertheilen konnte, hat gesagt, ein mit der Leitung der öffentlichen Angelegenheiten betrauter Mann dürfe niemals in die Lage kommen, sagen zu müssen: *Non putaram*. Das hätte ich nicht gedacht!*)

So weit die Abhandlung des Cardinals Gerdil.

Wir haben den voranstehenden Sätzen des gelehrten Cardinals nichts anderes beizufügen, als den sehnlichsten Wunsch, dass sie von Allen, die es angeht, reiflich erwogen und ernstlich beherzigt werden möchten. Insbesondere wünschen wir, dass man sich von der Gefährlichkeit und Schädlichkeit jener Experimente, vermöge deren man die Revolution durch den Bund mit der Revolution bekämpfen und den Staat durch die Verläugnung der katholischen Principien, durch Concessionen an den Irr- und Unglauben retten zu können wähnt, bei Zeiten überzeugen möchte, ehe es zu spät wird.

---

*) Diese Schlussbemerkungen des Verfassers scheinen in unserer Zeit und für unsere Zeit geschrieben, so überraschend passen sie auf unsere heutigen Verhältnisse und Zustände. Sehen wir nicht vor unseren Augen Machthaber im Bunde mit den destructiven Gewalten, ja mit der offenen Revolution, während die Vertheidiger der Religion und der von Gott gewollten Ordnung im weltlichen Staate verspottet, verachtet und oft sogar als Feinde des öffentlichen Wohles, der Civilisation und des Fortschrittes verfolgt werden? Sehen wir nicht, wie man ungestraft Alles, was den Menschen heilig ist, die Lehren des Glaubens, die Geheimnisse der Erlösung, ja die Gottheit Christi selbst, die Moral und das Recht in allen Formen und mit allen Mitteln angreifen, die Abwehr gegen diese Angriffe aber kaum zu Worte kommen lässt? Sehen wir nicht Tag für Tag unter den Augen der Autorität die Autorität und ihre Grundlagen angreifen und bestreiten? Sehen wir nicht, wie Behörden und Staatsmänner mit gekreuzten Armen die steigende Fluth beobachten, wie sie theilweise der Bewegung Meister zu werden wähnen, indem sie sich an die Spitze derselben stellen, gerade als ob Jemand, um uns eines geistreichen Vergleiches des Bischofs von Orleans zu bedienen, den Fluthen einer Ueberschwemmung Einhalt thun könnte, wenn er einen Nachen besteigt und über die Fluth hinfährt; sehen wir nicht, wie sie ihre Augen und Ohren vor den Thatsachen verschliessen, blind gegen die Blitze, die ein grelles Licht auf die Lage werfen, taub gegen die rollenden Donner, die eine furchtbare Katastrophe verkünden, bis sie endlich, von der Sturmfluth verschlungen, untersinken und im Versinken ausrufen werden: *Non putaram!* Das hätte ich nicht gedacht!

Alphabetisches Sach- und Namensregister.

Academien S. 53.
Anarchie S. 23.
Annexionen S. 29.
Arbeit S. 49. 63.
Aristocratie S. 12 18.
Arme S. 62.
Autorität, des Vaters, S. 57
Bellarmin S. 32.
Bettler S. 62.
Bodin S. 48.
Bossuet S. 26 64.
Brunengo S. 29.
Burke S. 15.
Burlamaqui S. 10 15 17 19 25 27 39 40.
Censur S. 50.
Cicero S. 66.
Constitution S. 47.
Dahlmann S. 12 15 33 34 38.
Democratie S. 11 18.
Denkfreiheit S. 52.
Duguet S. 55.
Ehescheidung S. 56.
Eitelkeit S. 66.
Encyclica vom 8. Dec. 1864 S. 2
Encyclopädisten, franz., S. 65 66.
Erbfolge S. 32 33.
Eroberungsrecht S. 25
Erstgeburt S. 60.
Erziehung des Volkes S. 22.
Familie S. 54.
Familiengüter S. 59 60.
Feudalität, Aufhebung der, im Kirchenstaat S. 60.
Fideicommisse S. 60.
Föderation S. 14.
Freiheit, die Mutter der Bevölkerung, S. 62.
Fürst, was er ist, S. 10.
Gehorsam S. 64.
Gesellschaftsvertrag S. 12
Gesetzgebung, Aufgabe der, S. 22.
Gewalt, souveräne, S. 55.
 väterliche, S. 55 ff.
Grotius S. 25.
Grund und Boden S. 58—61.
Grundgesetze S. 19.
Gütergemeinschaft S. 55.
Interregnum S. 37.
Kinder, Stellung und Pflichten der, S. 10 57.
Kirchenstaat S. 27.
Körperschaften S. 13.
Krieg S. 25. 26.
Liberalismus S. 1 ff.
Literatur S. 52

Luxus S. 59 61.
Melon S. 59.
Ministerverantwortlichkeit S. 15
Mittelmässigkeit S. 50 53.
Monarchie S. 12 18,
Montesquieu S. 49.
Müssiggang S. 62.
Nationalwohlstand S. 49 61.
Naturzustand S. 15.
Oligarchie S. 23
Pius VI. S. 12.
Poesie S. 52.
Politik S. 53.
Polybius S. 58.
Pressfreiheit S. 65.
Pufendorf S. 17 20 25.
Redefreiheit S. 51.
Regieren, Kunst des, S. 46.
Regierungsart S. 20.
Regierungsform S. 17.
Reichthum S. 59 63.
Religion S. 45.
Religionsstreitigkeiten S. 54.
Riess S. 1.
Rousseau S. 64.
Satyre S. 53.
Schmeichelei S. 64.
Souverän, S. 9. Pflichten des, S. 42.
Souveränetät, Bestandtheile der, S. 16.
 Eigenschaften der, S. 14.
 Erwerbung der, S. 24.
 Verlust der, S. 36.
 Wesen der, S. 9.
Streitfragen, literarische, S. 53.
Suarez S. 32.
Syllabus S. 10 29 31 50 54 59.
Taparelli S. 32.
Theilung der Gewalten S. 15 19.
Thomas von Aquino S. 32.
Tod, bürgerlicher, S. 41.
Tyrannei S. 23.
Ungleichheit der Reichthümer, S. 59.
Unterhaltungen der Fürsten S. 44.
Unterthanen S. 10 ff.
Usurpator S. 27 28.
Vaterland S. 49.
Vattel S. 39.
Verbindungen S. 14.
Verfall der Staaten S. 58.
Verfassung S. 19.
Verstossung S. 56.
Wahlreich S. 30.
Walter S. 9 33 34 36 46.

Inhalt.

	Seite
Vorrede	I
Einleitung	1
Ueber den Souverän, die Souveränetät und die Unterthanen	9
Von den Eigenschaften oder wesentlichen Merkmalen der souveränen Gewalt	14
Von den Bestandtheilen der Souveränetät und von den wesentlichen Rechten, die sie in sich schliesst	16
Von den verschiedenen Regierungsformen	17
Von den verschiedenen Arten, die Souveränetät zu erwerben, namentlich in einer Monarchie	24
Von der Erwerbung der Souveränetät im Wege der Zustimmung	30
Von der Erbfolge	32
Von den verschiedenen Arten, die Souveränetät zu verlieren	36
Von den Pflichten der Unterthanen im Allgemeinen	37
Von den Pflichten des Souveräns	42
Von den Unterhaltungen des Fürsten	44
Von der Religion	45
Von der Kunst zu regieren	46
Von der Erziehung	50
Von der Censur	50
Von den Familien	54
Das Haupt der Familie	55
Von der väterlichen Gewalt	57
Vom Verfall der Staaten	58
Der Müssiggang	62
Schluss des Verfassers	64
Alphabetisches Sach- und Namensregister	70

Druck von C. Biel in Wien, Dominikanergebäude.

Katholischer Verlag
von
Carl Sartori, Buchändler des heil. Apost. Stuhles,
in Wien, Stadt, Wallnerstrasse Nr. 7,
zu beziehen durch alle soliden Buchhandlungen des In- und Auslandes.

* **ACTA EX IIS DECERPTA QUAE APUD SANCTAM SEDEM** geruntur in compendium opportune redacta et illustrata. Fit evulgatio singulis mensibus. 1. bis 2. Jahrgang. Preis à 7 fl. — Rthlr. 4.20.
  (Von dem Verlage der Propaganda fide in Rom, den ich für die ganze österreichische Monarchie debitire, stehen specielle Cataloge gratis zu Gebot.)
* **ACTA SANCTORUM.** Neue Textausgabe, von den R. R. P. P. Jesuiten (Bollandisten) veranstaltet unter der Obsorge von M. J. Cornandet, 54 Folio-Bände zu 1000 zweispaltigen Seiten, mit den Stahlstichen der ersten Ausgabe, auf starkem Schreibpapier 15 Bände sind bereits erschienen. Preis à Rthlr. 10.— Gebunden in echtem Pariserbande à Rthlr. 11.20.
  Diese neue Ausgabe der Bollandisten wird unter dem Schutze Sr. Heiligkeit **Pius IX.** und unter dem Patronate von **150 Bischöfen**, von Mitgliedern der franz. Academie, sowie der hervorragendsten Gelehrten Europas herausgegeben.
  (Die Bände 55 bis 59 und Folge der Brüsseler Bollandisten, die auf meinem Lager stets vorräthig sind, schliessen sich als Fortsetzung an diese Ausgabe an.)

Aehrenlese, poetische, eine Sammlung religiöser Gedichte für die Jugend (von Canonicus Zenner). Preis 20 kr. öst. W. — 4 Ngr.

* **Andlaw,** Heinrich Freiherr, Priesterthum und christliches Leben, mit Rücksicht auf die grossen Fragen der Gegenwart. Preis 2 fl. öst. W. — Rthlr 1.6.

Arndts (Witwe Maria Görres), Dramen für das christliche Haus. Inhalt des 1. Bändchens: Die Schule Murillo's. — Drei Bilder aus Raphael's Jugendleben. Preis 36 kr. öst. W. — 7 Ngr.

Arndts (Witwe Maria Görres), Dramen für das christliche Haus. Inhalt des 2. Bändchens: Ein Passionsspiel in fünf Bildern. Preis 44 kr. öst. W. — 9 Ngr. — Musikbeilage apart 20 kr. öst. W. — 4 Ngr.

Arsac, Die Jesuiten. Ihre Lehre, ihr Unterrichtswesen, ihr Apostolat. Preis 60 kr. öst. Währ. — 12 Ngr.

* **Bauer, Abbé,** Le Judaïsme comme preuve du Christianisme. Conférences prêchées à Vienne, à l'église des écossais, pendant la station de l'advent 1865. Preis 1 fl. öst. W. — 20 Ngr. **Der Ertrag ist für den heil. Vater bestimmt.**

Binder & Kerschbaumer, Katholische Fest- und Gelegenheitsreden nebst mehreren Predigt-Skizzen. Preis 80 kr. öst. W. — 18 Ngr.

* **Braun,** Dr. Stephan, Jerusalem. Bilder aus dem Orient und Erläuterungen der heil. Geschichte. Preis 1 fl. öst. W. — 18 Ngr.

* **Braun** Stephanus, Dr., Christiana de Sanctissima Trinitate Doctrina. Preis 1 fl. öst. W. — 18 Ngr.

* **Braun,** Stephanus, Dr., De Carolo Magno regnante etc. Preis 1 fl. öst. W. — 18 Ngr.

Brunner, Dr. Sebastian, Kempis Nachfolge Christi mit Messgebeten, nebst allen in Oesterreich üblichen Kirchenliedern. Preis 40 kr. öst. W. — 7½ Ngr.

Brunner, Dr. Sebastian, Petrus und Pius. Predigt, gehalten am Feste der heiligen Apostelfürsten in der Universitätskirche zu Wien. Preis 10 kr. öst. W. — 2 Ngr.

Brunner, Dr. Sebastian, Zweifel und Trauer. Predigt, am Ostermontag gehalten in der academischen Kirche zu Wien. Preis 10 kr. öst. W. — 2 Ngr.

Brunner, Dr. Sebastian, Sternkalender für Katholiken, Jahrgang 1853—1860, herabgesetzter Preis, pr. Jahrgang 20 kr. öst. W. — 4 Ngr.

Canones et Decreta sacrosancti Concilii Tridentini etc. 382 Seiten, gr. 8. broschirt, Velinausgabe. Preis 1 fl. 6 kr. öst. W. — 20 Ngr.

Caesaris S. R. E. Card. Baronii, O. Rainaldi et J. Laderchii, Congregationis Oratorii Presbyterorum, **Annales ecclesiastici,** denuo excusi et ad nostra usque tempora perducti ab Augustino Theiner, ejusdem Congregationis Presbytero, sanctorum tabulariorum Vaticani Praefecto, etc. etc. 45 bis 50 Bände. Band I—VII sind erschienen. Preis pro Band 4 Thlr. 10 Ngr.

Catechismus ex Decreto Concilii Tridentini etc. Pii V. et Clementis XIII. jussu editus, 536 Seiten, gr. 8. broschirt. Velinausgabe, Preis fl. 1.60 kr. öst. W. — 1 Rthlr.

Donin, P. Ludwig, Die katholischen Zeitgenossen zur Belebung des Glaubens. Enthält eine kurze Lebensskizze des Seligen Clemens Hofbauer — Franz Seraph. Schmid — Jacob Balmes und J. B. M. Vianney, Pfarrers von Ars. Preis 1 fl. öst. W. — 20 Ngr.
Donin, Virginitas oder die christliche Jungfräulichkeit. Zweite vermehrte Auflage. — Preis 1 fl. — 20 Ngr.
Donin, Kleine liturgische Bildergallerie. Preis 30 kr. öst. W. — 6 Ngr.
Donin, Das katholische Kirchenjahr in Bildern, brosch. Preis fl. 1.80 kr. öst. Währ. — 1 Rthlr. 6 Ngr.
Donin, Dasselbe, gebunden. Preis 2 fl. — 1 Rthlr. 12 Ngr.
Dupanloup, Leichenrede auf General Lamoricière. Preis 30 kr. öst. W. — 6 Ngr.
Führich, Josef Ritter von (Professor an der Academie der bildenden Künste in Wien), Von der Kunst. 1. Heft. Preis 30 kr. öst. W. — 6 Ngr.
Gebhart, Die heilige Sage in Oesterreich. Preis 60 kr. öst. W. — 12 Ngr.
Gebhart, Die heiligen Sagen in Oesterreich (neue Folge). Preis 80 kr. öst. W. — 18 Ngr.
* **Haringer**, Michael, Einige Gebete des Dieners Gottes Clemens Maria Hofbauer. Mit dem Bilde Hofbauers. 5. Auflage. Preis 20 kr. öst. W. — 4 Ngr.
Haselbach, Professor, Die Türkennoth im 15. Jahrhund. Preis 60 kr. ö. W. — 12 Ngr.
Hattler F. S., Die neun Liebesdienste zur Verehrung des göttlichen Herzens Jesu in Betrachtungen dargestellt, mit einem Gebetbuche zu Ehren des Herzens Jesu. Mit 2 Stahlstichen. Preis fl. 1. — 18 Ngr.
* **Häusle**, Dr., Ober-Hofcaplan, Hofceremeniär etc. **Darf die Wiener Hochschule paritätisch werden?** Preis 3 fl. öst. Währ. — 2 Thlr. (vergriffen.)
Hille, Bischof von Leitmeritz, Predigt über die Gemeindeordnung. Preis 10 kr. österr. Währ. — 2 Ngr.
Höllrigl, Consistorialrath, Zehn Gebote Gottes. Zehn Betrachtungen als geistliche Uebungen für Priester und Alle die es werden wollen. Zweite wohlfeile Ausgabe. Preis 60 kr. öst. W. — 12 Ngr.
Kerschbaumer, Dr., päpstlicher Kämmerer etc., Bischof Feigerle, nach dem Leben geschildert. Preis 80 kr. öst. W. — 16 Ngr.
Krones (Verfasser des homiletischen Reallexicons), Fromme Betrachtungen über das hochheilige Leben Mariä. 3. Aufl. Preis 20 kr. öst. W. — 4 Ngr.
Landsteiner, (Piaristen-Ordens-Priester), Aus dem Leben eines Unbekannten, 414 Seiten. Preis 1 fl. öst. W. — 18 Ngr.
Landsteiner, Die Kinder des Lichts. Zweite wohlfeile Ausgabe. 2 Bände 526 Seiten Preis 1 fl. 20 kr. öst. W. — 21 Ngr.
Landsteiner, Edmund Fröhlich, der Abenteurer. 4 Bände. Dritte wohlfeile Ausgabe. 900 Seiten. Preis 1 fl. 80 kr. öst. W. — 1 Thlr. 3 Ngr.
Leben, das kirchliche, in Wien, in der letzten Periode. 2. Auflage. Preis 30 kr. österr. Währ. — 6 Ngr.
(Diese höchst interessante Broschüre wurde auf dem Katholiken-Congresse zu Trier sehr warm empfohlen.)
Leonardo von Porto Maurizio. Kurze andächtige Art und Weise den heil. Kreuzweg zu besuchen. Preis 10 kr. öst. W. — 2 Ngr.
Liebe, die lehrende, als Handbuch zum ganz kleinen Katechismus. Von einem Katecheten. 3. Auflage. Preis 20 kr. öst. W. — 4 Ngr.
Litanei, die grosse, vom allerheiligsten Altarssakramente. Nebst den 5 Hymnen des heiligen Thomas von Aquin über das hochheilige Sakrament. Preis 10 kr. öst. W. — 2 Ngr
Literae apostolicae Pii IX. de dogmatica definitione immaculata conceptionis virginis deiparae. Preis 10 kr. öst. W. — 2 Ngr.
Litanei, die lauretanische. Dritte wohlfeile Auflage der im bischöflichen Dome zu St. Pölten von dem dortigen Stadtklerus gehaltenen Predigten. (31 Vorträge.) Preis 80 kr. Oesterr. Währ. — 18 Ngr.
Lucas Fr. a Sancta Theresia. Die Braut des Gekreuzigten. Die selige Maria von den Engeln, Carmeliterin. 2 Bände. Preis 2 fl. Oesterr. Währ. — 1 Thlr. 12 Ngr.
Mermillod à Vienne. Analyse de ses conférences tenues à l'église des écossais pendant la station du carême de 1864. Preis 1 fl. Oesterr. Währ. — 2 Thlr. 9 Ngr.
Monnin, Mater Admirabilis oder die ersten fünfzehn Lebensjahre der unbefleckten Maria. Preis 1 fl. 20 kr. Oesterr. Währ. — 22½ Ngr.
Papst, der, und die modernen Ideen. I. Bd. Preis fl. 1.60 Oesterr. Währ. — 1 Thlr.
Papst, der, und die modernen Ideen. 1.—4. Heft. Preis 3 fl. 60 kr. Oesterr. Währ. — 2 Thlr. 9 Ngr.
(Der heilige Vater hat dieses ausgezeichnete Werk bereits durch drei Belobungsschreiben ausgezeichnet, was wohl als die beste Empfehlung

Papst, der, und die modernen Ideen, 3. Heft, auch unter dem Titel:
Pius IX. als Papst und als König. Dargestellt aus den Acten seines Pontificats. Preis 1 fl. 40 kr. Oest. Währ. — 27 Ngr.
Passy, Dr. Anton (Priester der Versammlung des heiligsten Erlösers). Predigten über das heilige Kreuz. 7 Hefte. 4. Auflage. Preis einzeln à 10 Nkr. — 2 Ngr.
Patiss, P. Georg, Priester der Gesellschaft Jesu, Der selige Petrus Canisius, Profess-Priester der Gesellschaft Jesu. Eine Lebensskizze. Zweite Ausgabe. Mit einem Stahlstiche. Preis 70 kr. Oesterr. Währ. — 12 Ngr.
Philalethes, Theismus und Atheismus, Glaube und Unglaube, Wahrheit und Lüge. Preis 60 kr. Oesterr. Währ. — 12 Ngr.
Philalethes, Licht und Finsterniss oder kleine Quellen und Studien über den jetzigen Zeitgeist. Preis 60 kr. Oesterr. Währ. — 12 Ngr.
Poppe, Die Volksschule, wie sie sein soll, als erstes Mittel zur Hebung aller staatlichen Verhältnisse. Preis 20 Nkr. — 4½ Ngr.
* **Proschko**, Der Jesuit. Geschichtlicher Roman aus der Zeit des dreissigjährigen Krieges. Zweite Auflage. Preis 1 fl. 50 kr. — 1 Thlr. **Der Reinertrag ist für den Bau der Stiftskirche zu Admont bestimmt.**
Proschko, Perlen aus der Krone des letzten deutschen Kaisers. Gewöhnliche Ausgabe, Preis 50 kr. — 12 Ngr.
Dasselbe, Pracht-Ausgabe. Preis 1 fl. — 18 Ngr. **Der Reinertrag dieses Werkes ist für invalide Krieger der k. k. Armee bestimmt.**
Rauscher, Cardinal, Ansprache, gehalten bei der Eidesleistung der freiwilligen Tiroler Scharfschützen in der Metropolitankirche bei St. Stefan am 12. Junius 1866. II. Hirtenschreiben, erlassen am 18. Junius 1866. 2. Aufl. Preis 5 kr. — 2 Ngr.
Rauscher, Cardinal, Gefahr und Rettung. Hirtenschreiben. 3. Aufl. Pr. 10 Nkr. — 2 Ngr.
Rauscher, Cardinal, Maria unsere Hilfe. Predigt bei dem feierlichen Bittgange zu Erflehung des göttlichen Beistandes am 2. Julius 1866 in der Kirche Mariahilf gehalten. Preis 10 kr. — 2 Ngr.
Rauscher, Cardinal, Der selige Petrus Canisius. 20 kr. Oesterr. Währ. — 6 Ngr.
Rauscher, Cardinal, Die Ascese. Anrede bei dem Schlusse der geistlichen Uebungen für Priester. Preis 20 kr. — 4½ Ngr.
Rauscher, Cardinal, Der Ablass und der christliche Fortschritt. Preis 10 Nkr. — 2 Ngr.
Reinerding F. X., Prof. Dr., Gedanken über die philosophischen Studien (aus den historisch-politischen Blättern gezogen und mit Nachträgen versehen.) Ein Beitrag zur Beleuchtung der Unterrichtsfrage. Preis 40 kr. Oesterr. Währ. — 7½ Ngr.
* **Rieker, P. Anselm O. S. B.**, Der Syllabus, ein Triumph der Wahrheit über den Irrthum dargestellt in XIV. Fastenbetrachtungen. Preis 1 fl. — 20 Ngr. **Der Ertrag ist als Peterspfennig für den heiligen Vater bestimmt.**
Schmid Fr. S., (Prälat), Gebet- und Erbauungsbuch für Verehrer Mariä, 9. Ausg. 478 Seiten mit Titelkupfer. Preis broschirt 80 kr. Oesterr. Währ. — 18 Ngr.
Schmid Fr. S., Katholisches Gebet- und Unterrichtsbuch, herausgegeben aus Domherrn Schmid's Nachlasse, 3. wohlfeile Ausgabe, 508 Seiten, mit Titelkupfer. Preis broschirt 80 kr. Oesterr. Währ. — 18 Ngr.
Schmid Fr. S., Gebet- und Erbauungsbuch für junge Christen, 21. Ausgabe, 275 Seiten, mit Titelkupfer. Preis broschirt 40 kr. Oesterr. Währ. — 9 Ngr.
Schmid Fr. S., Christkatholisches Hausbuch. Erbauungsbuch auf alle Sonn- und Festtage im ganzen Jahre, 8. wohlfeile Ausgabe, 2 Bände, gr. 8., 608 und 688 Seiten, mit 2 Titelkupfern. Preis brosch. 1 fl. 60 kr. Oe. W. — 1 Thlr. 6 Ngr.
Schmid Fr. S., Das Jahr des katholischen Christen, erbauliche Betrachtungen auf alle Tage des Jahres, 3. wohlfeile Ausgabe, gr. 8., 824 Seiten, mit Titelkupfer. Preis broschirt 1 fl. 20 kr. Oesterr. Währ. — 27 Ngr.
Schmid Fr. S., Vater dein Wille geschehe. Trostbuch für Katholiken, 3. wohlfeile Ausgabe, 528 Seiten, mit Titelkupfer. Preis broschirt 1 fl. Oesterr. Währ. — 21 Ngr.
Schmid Fr. S., Der christliche Reisegefährte. 8. wohlfeile Ausgabe, 422 Seiten, mit Titelkupfer. Preis broschirt 80 kr. Oesterr. Währ. — 18 Ngr.
Schmid Fr. S., Gebet- und Erbauungsbuch für Bürger, 4. wohlfeile Ausgabe, 346 Seiten, mit Titelkupfer. Preis broschirt 40 kr. Oesterr. Währ. — 9 Ngr.
Schmid Fr. S., Gebet- und Erbauungsbuch für kathol. Christinnen, 7. wohlfeile Ausgabe, 502 Seiten mit Titelkupfer. Preis broschirt 80 kr. Oest. W. — 18 Ngr.
Schmid Fr. S., Lese- und Gebetbuch für Kranke, 7. wohlfeile Ausgabe, 478 Seiten. mit Titelkupfer. Preis broschirt 80 kr. Oesterr. Währ. — 18 Ngr.
Schmid Fr. S., Lese- und Gebetbuch für Dienende, 12. wohlfeile Ausgabe, 246 Seiten, mit Titelkupfer. Preis broschirt 40 kr. Oesterr. Währ. 9 Ngr.
Schmid Fr. S., Lese- und Gebetbuch für Gefangene. 7. wohlfeile Ausgabe, 305 Seiten, mit Titelkupfer. Preis broschirt 40 kr. Oesterr. Währ. — 9 Ngr.

Im Verlage von **Heinrich Keller** sind ferner erschienen:

Archiv für Frankfurts Geschichte und Kunst. Mit Abbildungen. 1—3. Heft. gr. 8. 1854. à Heft Thlr. 1. 10 Ngr. oder fl. 2. 24 kr.

— — 4. Heft. Thlr. 1. 15. Ngr. oder fl. 2. 42 kr.

— — 5—7. Heft. à Heft Thlr. 2 oder fl. 3. 36 kr.

— — 8. Heft. Thlr. 1. 15. Ngr. oder fl. 2. 42 kr.

Benkard, J. Ph., Dr., Geschichte der deutschen Kaiser und Könige. Zu den Bildern des Kaisersaals. Neue verbesserte und vermehrte Auflage. 8. 1861. Ngr. 10 oder 36 kr.

— — Die deutschen Kaiser, nach den Bildern des Kaisersaals im Römer zu Frankfurt am Main, mit lithogr. Abbildungen. geb. schwarz. Thlr. 1. 10 Ngr. oder fl. 2. 24 kr.
colorirt Thlr. 4. 20 Ngr. oder fl. 8. 24 kr.

— — J. Ph. Dr., Historical Sketch of the German emperors and kings An explanatory text for the representations of the Imperial- Hall. Translated from the German by F. Haas. geb. 8. 1855. Ngr. 10. oder 36 kr.

— — The German Emperors and Kings, with historical sketches. Translated from the German by F. Haas. gebunden in roth Calico. 8. 1855. Thlr. 1. 12 Ngr. oder fl. 2. 30 kr.
colorirte Ausgabe Thlr. 5. oder fl. 8. 30 kr.

— — Die Reichspaläste zu Tribur, Ingelheim und Gelnhausen und das Schloss Trifels. Ngr. 15. oder 54 kr.

Fichard, Joh. Carl v., genannt Baur v. Eyseneck, die Entstehung der Reichsstadt Frankfurt a. M. und der Verhältnisse ihrer Bewohner. Thlr. 1. oder fl. 1. 48 kr.

Kaiser, die deutschen. Nach den Bildern des Kaisersaals im Römer zu Frankfurt am Main. In Kupfer gestochen und in Farben ausgeführt. Mit den Lebensbeschreibungen der Kaiser. Von Albert Schott und Dr. Carl Hagen. gr. Fol. Eleg. geb. 1853. Thlr. 64. oder fl. 112.

— — Nach den Bildern des Kaisersaals im Römer zu Frankfurt am Main. Mit den Wahlsprüchen der Kaiser, lateinisch und deutsch, eine Uebersicht der Kaiserbilder nebst Angabe der Maler und der Stifter. Schulausgabe. cart. 8. 1853. Ngr. 16. oder 57 kr.

Römer-Büchner, Dr., Die Siegel der deutschen Kaiser, Könige und Gegenkönige geb. gr. 8. 1851. Ngr. 15 oder 54 kr.

— — Beiträge zur Geschichte der Stadt Frankfurt a. M. und ihres Gebietes von der ersten geschichtlichen Kenntniss bis zum X. Jahrhundert, nebst chronologischer Uebersicht und Beweisstellen über die Römerherrschaft im Rheingebiet bis zum Jahre 450. gr. 8. 1853. Ngr. 20. oder fl. 1. 12 kr.

Römer-Büchner, Die Entwickelung der Stadtverfassung und die Bürgervereine der Stadt Frankfurt a. M. gr. 8. 1855. Thlr. 1. oder fl. 1. 48 kr.

— — Die Wahl- und Krönungskirche der deutschen Kaiser zu St. Bartholomäi in Frankfurt a. M. geh. gr. 8. 1857. Ngr. 14. oder 48 kr.

— — Die Wahl und Krönung der deutschen Kaiser zu Frankfurt a. M. mit 9 theils col. Tafeln 1858. Thlr. 1. 15 Ngr. oder fl. 2. 42 kr.

— — Die Vogteigerichte. Ngr. 12½ oder 45 kr.

— — der deutsche Adler, nach Siegeln geschichtlich erläutert. Ngr. 15. oder 54 kr.

Kriegk, Dr. Der Rechtstitel für den städtischen Besitz des Frankfurter Stadtwaldes. Ngr. 3. oder 9 kr.

Creizenach, Th., Sonette zum Jahresschlusse 1866. Ngr. 2. oder 6 kr.

Durch **Heinrich Keller** ferner zu beziehen:

Aktenstücke zur neuesten Geschichte von Frankfurt a. M., zugleich: Material zur neuesten deutschen Geschichte. Zweite vermehrte Auflage. 1866. Ngr. 12½ oder 45 kr.

H. L. Brönner's Druckerei in Frankfurt a. M.